JN110140

「三代目」スタディーズ

世代と系図から読む近代日本

鈴木洋仁
suzuki hirohito

青土社

「三代目」スタディーズ　目次

「三代目」スタディーズ　世代と系図から読む近代日本

凡例

* 文献の引用にさいしては、原則として現行常用漢字体を使い、ルビ・傍点は必要に応じて原文から取捨選択した。
* 文献の発行データの記載については、初出に気を配りながら、必要に応じて記載を変更している。
* 日付の表記については、西暦を基本としたうえで、必要に応じて元号を用いている。
* かなづかいは、必要に応じてあらためている。
* 引用文献は、たとえば、「鈴木洋仁 2017『「元号」と戦後日本』青土社」の一〇〇頁を示す場合は、（鈴木 2017: 100）のように記載している。

序章
「三代目」とは何か

はじめに——三つの墓、名字の謎

あなたには、三つの墓があるだろうか？

そして、曽祖父の代から突然、まったく関係のない名字に変わっただろうか？

自分につながる墓は一つ、せいぜい二つだろうし、曽祖父の代の名字を引き継いでいる場合が多いだろう。

しかし、わたしの父方の祖母の家・小松家には、東京都内に二つ、そして、千葉県山武市にさらに一つの墓がある。東京都内の墓のうち一つは、祖母が鈴木家に嫁ぎ、死んだ後に入っているので、小松家のものではない。都内のもうひとつの墓は誰にも参られず、ひっそりとたたずんでいる。

東京の上野公園からほど近い谷中霊園に、その墓はある。墓のたたずむ天王寺には五重塔があった。その塔は、一九五七年七月六日午前三時四〇分ごろ、男女二人の放火心中によって全焼している。五重塔をめぐる記憶をテーマとする映画『谷中暮色』（舩橋淳監督、二〇〇九年公開）をわたしは観た。感想を何気なく伝えたわたしに対して、祖母は心中放火事件の記憶とともに、小松家の墓の思い出を話した。けれど、祖母の生前、一緒に墓参りに行くことはなかった。

その墓を盆暮れに世話する血縁者は限られる。四人兄妹だった祖母には、兄と弟がいたものの、彼らの子どもは、いずれも嫁入り・婿入りをしており、小松家の墓に入るものはもういない。祖母の妹には男子が一人いるものの、独身のままである。

祖母の兄（長男）は、墓に入ることを拒み、散骨を望んだし、祖母の弟（次男）は、小松家のもうひとつの墓に入っている。その墓は、先に述べた通り、千葉県山武市の長光寺にある。この墓と苗字、それぞれの謎については、追って第1章で述べよう。わたしがこの「三代目」というテーマに興味を持ったのは、この三つの墓の謎に惹かれたからかもしれない。名字の謎を解こうとしたからかもしれない。いや、正直に言えば、調べているうちに疑問に持っただけではない。そのどれもがわたしにつながるとはいえ実感を持てないからである。

墓と名字。本書の副題にある世代や系図を考えるときに、これほど象徴的なモノはないのではないか。

しばしば「売家と唐様で書く三代目」と言われる。初代は家や財産を築く。二代目は引きついだとしても、三代目には芸事に走り、没落する。身につけた唐様＝中国風の書によって、「売家」と書く。「三代目には家系の分かれ目がある」と、言われる。わたしには、「売家」もないし、「唐様」で書くほどの才能もない。では、なぜ、この「三代目」を書くのか。

1　なぜ「三代目」なのか？

本書では「三代目に家系の分かれ目がある」と強弁するのではない。そうではなく、「三代目をどう見るかが、家系を見る分かれ目になる」との立場から論じている。近代日本とは、みずからを「三代目」と位置づけられる自由をもった社会であったのではないか。二代前をたどれる、幅をもてる社会だったのではないか。融通無碍な社会なのではないか。その「あてどのなさ」を特徴とする社会ではないか。本書の仮説はこれである。

副題に「世代と系図から読む近代日本」とつけた。しかし、「渋沢家」や「鳩山家」といった、『日本の有名一族』（小谷野 2007）や、『日本の血脈』（石井 2013）をたどるわけではない。世代と系図「から」読むのであって、世代と系図「を」読むのではない。

「世代と系図」がゆるやかになり、みずからのルーツを自由にたどれるようになった社会こそ、近代日本ではないか。この立場にもとづいて、いくつかの「世代と系図」を示し、近代日本を読む。本書は、こうした社会学的エッセイである。

この国は、どんな国なのか。この国に生きるとは、いかなる営みなのか。大河ドラマとはべつのかたちによって、歴史を考える。本書の目的はこれである。

『自分のなかに歴史を読む』（阿部 1988→2007）営みとして、わたしの家系から考察をはじめる。

親は、誰にとってもあたりまえの存在である。これにくらべて、親たちのむこうに「初代」を見る。それは、なぜなのか。その視点が成りたつのは、なぜなのか。自分の歴史のはじまりを見ようとするのは、なぜなのか。

こうした歴史意識のはじまりとして「三代目」を問う。

歴史意識とは、みずからの生きている時空間の、背景と経緯についての自覚をさす。

誰かを、あるいは、何かを理解しよう、解釈しようとするときに、私たちはその人の生い立ちや親、誕生の経緯、といった履歴を調べる。「親の顔が見たい」、「この親にしてこの子あり」、もしくは、「企業のDNA」といったように、引きつがれているものをさかのぼってたどる。「氏より育ち」と言われるように、遺伝によって身についている要素よりも、教育や家庭環境といった生育によって得た要素の影響を重視する場合もある。遺伝と環境、そのどちらを重視するにしても、過去の履歴をたどろうとするのは、当然に思われるだろう。

しかし、その二つをたどるとしても、どこまでさかのぼるだろうか。

曽祖父母の世代までさかのぼって、遺伝や環境を解釈しようとするのは、いくら「家系」を重く見たとしても行きすぎだととられるのではないか。たとえば、夏目漱石が誰かの「四代目」だったとして、その影響関係は、遺伝的にも環境的にも弱いと考えざるを得ない。

他方で、親の子として、すなわち「二代目」として誰かをとらえる考え方には、違和感を持たれないだろう。

先ごろ話題になった石井妙子『女帝　小池百合子』（石井 2020）は、彼女の父親の存在を大きくクローズアップしている。強烈な父親がいたから娘はその影響を受けた、と言われれば、納得してしまう。あるいは、品田知美『「母と息子」の日本論』（品田 2020）のように、母子関係をもとに日本社会を語られても、納得できるだろう。誰にも親は無視できない（船曳 1998→2003）。

　これに対して、「三代目」を考えると、歴史への視線、つまり、歴史意識が入ってくる。親のむこうがわ、さらに前に、誰かを定めるのは、なぜなのか。夏目漱石の祖父母、あるいは、夏目漱石の孫、それぞれの影響関係を考えるとき、かならずしも親子関係のような広範囲の同意は得られないだろう。

　近代日本では「氏より育ち」、つまり、家柄よりも能力によって立身出世を遂げられるのだとする風潮が強まり、ある程度までは達成されてきた。近年では、「格差社会」が指摘されるものの、少なくとも一〇〇年近くにわたって、「血」よりも当人の努力や、社会の仕組みによって栄達を遂げられるとする価値観が共有されてきた。近代日本とは、「系図」によって、身分の固定される社会ではなかった。「世代」によって、身分が次々に入れかわる社会だった。

　歴史の積み重ねよりも、クロノロジカルに、時系列で追いかけさえすれば、かみくだける。こんな見方もまた、こうした立身出世主義と並行している。努力は結果に結びつく、とすれば、その結果を可能にした努力を見ればわかる、という考え方である。

　しかしながら、そのクロノロジカルなさかのぼり方をどこから始めるのかは、はなはだ恣意的なのではないか。誰しも生き物としての父も母も選べない。誰の「二代目」なのかについて選択肢は二つのみであり、また、かおかたちなど、少なくとも生き物として似る場合も多い。

進化生物学者の三中信宏による「系統樹」の考え方に照らせば、誰の「二代目」なのかはほとんど争う余地はないのに対して、「三代目」については恣意性がまぎれこむ（三中 2006）。

「三代目」を考えるとき、みずからを父方の祖父のそれと位置づけるのか、それとも母方の祖母のそれと位置づけるのかは、多分に恣意的である。ジャーナリストの青木理による『安倍三代』（青木 2017→2019）は、この恣意性を突いている。太平洋戦争の元A級戦犯であり、憲法改正を目指し、日米安全保障条約締結に邁進した政治家・岸信介（一八九六―一九八七）の「三代目」としての安倍晋三（一九五四―）だけではなく、反戦を唱えた母方の祖父・安倍寛（一八九四―一九四六）の系譜に焦点を当てた。安倍晋三は、岸信介とのエピソードを繰りかえし語るのに対して、自らが生まれる八年前（一九四六年）に亡くなった寛についてはもちろん、秘書として仕えた父・晋太郎（一九二四―一九九一）の思い出をも語らない。自らと「真逆の地平に立っていた」（青木 2017→2019: 6）彼らを語らない。その「勝手な妄想」（青木 2017→2019:6）を起点に、「日本政治が現在の地平――それを劣化していると捉えるか否かも議論のあるところにせよ――に至った歴史的な鳥瞰図を描くこと」（青木 2017→2019: 7）を目指した。

ここにあるように、青木もまた安倍と同じように「三代目」の起点を恣意的においている。いや、正確に言えば、恣意的におけるからこそ「三代目」なのではないか。自分を誰の「三代目」にするのか。これは安倍晋三だけも、青木理だけでもなく、わたしにも、そしてあなたにも許された恣意性にほかならない。

だからこそ、「三代目」を考えるとは、この日本社会にあって、「世代」とは何か、「系図」とは何かを考える営みにほかならない。生まれによって左右されない。この理念と建前を掲げる社会にあって、私（たち）は、世代と系図を、どうやってとらえればよいのか。本書の目的は、こうした疑問に答えるために、「三代目」をタグにして考えるところにある。

先行研究からの示唆——家族社会学とパブリック・ヒストリー

近代社会における家族の位置づけは、社会学にとって大きなテーマだった。いや、「だった」という過去形ではなく、いまもなお大きなテーマであろう。

主に農村への調査を通じた家族社会学は、日本中の社会学者を引きつけてきた。[1] 都市部への人口流入と、生活スタイルの変容に伴う「近代家族」についても、落合恵美子を中心に考察が進められてきた（落合 1994 → 2019）。近年では、育児などの「新しい」現象（育メン）をめぐる論考も増えている。

たとえば、二〇一六年から二〇一九年にかけて比較家族史学会の監修による『家族研究の最前線』という四冊のシリーズが刊行されており、[2] 現代日本の家族をめぐる考察を、歴史と世界それぞれの比較によって切りひらこうとする営みはますます盛んになっている。そのシリーズの第一巻

「家と共同性」の終章で社会学者の加藤彰彦は、家研究において集団と組織が混同されてきたとして、家を「家族によって所有され世代間で継承される社会組織」、家族を「親族の部分集合」と理論的に定義している。(加藤 2016) こうした知見は、大いに有益だろう。

本書は、こうした先人たちの成果に大きな力を借りながら、そうした手堅い社会学とは一線を画している。社会学の見方によって、「三代目」というタグを使って、近代日本の潮目をとらえようとする。この点で「スタディーズ」と名のっている。『「三代目」の社会学』というよりも、すこしだけカジュアルに、社会学的な見方を提供したい。この意図にもとづいて「スタディーズ」とつけている。

ときあたかも、日本の総理大臣は、安倍晋三から菅義偉へと代わり、「世襲から叩き上げへ」との図式が、たびたび言われた。この「世襲なのか叩き上げなのか」という問いにたいして、簡単には答えられない社会こそ、近代日本ではないか。

「あのおうちは〇〇の家系だから」とか「あの人は、〇〇のご出身だから」として、「家系」の正統性・由緒正しさを裏書きしようとすることばは、いまもなおあふれている。「三代目」安倍晋三との対比で、菅義偉が「たたきあげ」だと持ちあげられる風潮は、この「名家」幻想の裏返しにほかならない。

この点で本書は、米国から日本にも近年取り入れられつつあるパブリック・ヒストリーにもつうじる。パブリック・ヒストリー(PH)には、いろいろな定義があるものの、本書では、歴史学者の岡本充弘の整理にしたがって、「パブリックに対する」（to the public）ものであるとともに、「パブリックの中」（in the public）にある素材を扱う、その両面性において実践しようと試みる。前者のように、歴史学者をはじめとする専門的な作り手から伝えられているものを素材としつつ、後者のように、わたしという一般の人間が作り出そう、あるいは、巻き込まれている歴史を素材とする。この両面における実践を試みる。

さまざまな三代目

じっさい、長く続いている家系のなかで、たとえば七代目が「中興の祖」と呼ばれる場合もあれば、反対に、三代目まで続かない事例の方が、ずっと多い。

先の日本の首相、安倍晋三が「三代目」と呼ばれるのは、同じ職業をつづけているからである。安倍晋三の家系に注目が集まる理由は、彼の父と祖父に求められる。彼の祖父・岸信介は、少なくとも有名な首相だったからであり、その娘婿の安倍晋太郎も総理大臣候補になるほど有力な政治家だったからである。

安倍晋三の父親が、政治家ではなく、たとえば医者であったり、あるいは企業経営者であったりすれば、「三代目」とはみなされない。三代続いている政治家の家、という点において、彼は「ボンボン」だとか「サラブレッド」だとか言われかねない。

逆に、小泉進次郎は、曽祖父の代から続く四代目の政治家であるものの、その父・純一郎は、

「小泉家三代目」として耳目を集めたわけではない。小泉家の人びとは、岸信介や安倍晋太郎ほどには著名ではなかったし、さらに、最も有名な純一郎は世襲政治家というより、彼ひとりのキャラが立ちすぎている。

麻生太郎もまた、吉田茂の孫として「三代目」として呼ばれても不思議ではない。けれども、麻生の場合は、安倍家とも小泉家とも異なる。大久保利通や牧野伸顕をはじめとして、家系のなかに政治家が多いため、とりたてて麻生太郎は「三代目」とみなされない。

にもかかわらず、「売家と唐様で書く三代目」なる川柳は広まってきた。日本語圏だけではない。英語圏にも、次のような言い回しがある。

Father buys, the son bigs (=builds), the grandchild sells, and his son thigs (=begs).

直訳すれば、「親は買い、子は建て、孫は売り、その子は乞う」。

初代は土地を買って土台を築き、二代目はそこに家や店を建てるものの、三代目はそれを売り払ってしまい、四代目にいたっては乞食にまでおちぶれる。

中国語圏でも「富は三代続かず」と言われる。科挙に象徴されるように、血統よりも実力を重視する文化圏では、もとより代々続く家柄そのものが珍しく、その上、仮に続いたとしても三代までだと言われている。

三代目はレアケース

するとやはり、三代目まで続くのはレアケースであり、それゆえに焦点を当てるのだと強弁できるかに思われる。三代目こそ分岐点であり、その「世代」を乗り越えさえすれば、あとは栄華が続く。そう述べられるかに見える。

しかし、ここで問いを裏返さなければならない。

なぜ「三代目」なのか？　ではなく、なぜ、「売家と唐様で書く三代目」や「富は三代続かず」と言われるのか？　という形で裏返さなければならない。「三代目」を取り上げる理由は、三代目がキーポイントだから、ではない。

そうではなく、なぜ、「三代目」は取り沙汰されるのか、というところから始めなければならない。初代でも二代目でも四代目でもなく、ほかならぬ「三代目」をなぜ取り上げるのか、という点こそ問いなのであって、問いを逆にしなければならない。

そこから始めなければならない。

養子の国・日本？

日本における養子は、八世紀はじめにまでさかのぼるという。[3]　歴史学者の深沢克己の指摘するように、江戸期、特に後期にあっては「身上り（みあがり）」という上昇願望と、「上下無し」とする平等願望が入り乱れていた（深沢 2006）。この二つの願望にあって、武家に養子として受けいれられることは、前者を満たすと考えられていたし、同時に武家にとって後継者がなければ家は絶えるため、両者の利益は合致していた。

近世における養子にかんする研究は、戸石七生による『むらと家を守った江戸時代の人びと』（戸石 2017）などあまたあるものの、より大まかにつかむために作家の丸谷才一の次のような見立てを紹介しておこう。民俗学者の柳田國男による長女相続の風習に触れ、丸谷はこう書く。

> わたしが言いたいのは、長女相続と家の存続がいっしょになったあげく、養子がむやみに多い国日本という現象が生じた、ということであります。（丸谷 2003 → 2007: 140、引用にあたってかなづかいをあらためた）

そして丸谷は、明治と大正、それぞれの天皇が養子だったことの意味へと筆を進める。ここでは、あくまでもイメージとして、日本社会には古くから多くの養子が見られる。そうつかんでおいてもらえれば十分だろう。

家を続ける限り、そして、その家を続けることが目的となっている限り、いっぽうにおいては「みんな誰かの三代目」であり、他方では前述のように「三代目はレアケース」である。「三代目」は世代を考えるはじまりである。だから、本書は「三代目」に注目する。

2 「三代目」は世代のはじまり

「三代目」は世代のはじまり

素朴に言えば、「みんな誰かの三代目」である。

人間である以上、生物としての父と母がいて、そのそれぞれにも父と母がいる。その当たり前をとらえるにあたって、どのように意識しているのだろうか。

過度に敏感になると、政治家の世襲をネガティブに受け取るしかないし、全く気にしなければ、世代間の不平等を諾々と認めるほかない。言いかえると、安倍首相を批判するために、世襲であるからイケナイ、と論を立てる。あるいは、所得の多い家に育った子どもが、さらに高い所得を得る、という世代間での継承を受けいれる。どちらも、血筋や血統、家柄といった要素についてニュートラルではない。

いや、わたしたちは、そういった要素についてニュートラルを保てるのだろうか。

なぜ、家系にこだわるのか?

先に述べた、「なぜ三代目が注目されてきたのか?」という問いは、別の角度から見れば、「なぜ家系にこだわるのか?」という問いにつながる。家系、というひとりの力では、どうしようもない要因をめぐって、私たちは、時にポジティブに、時にネガティブになる。それは、なぜなのだろうか。たとえば、「お父さんに似ているね」と言われて、喜んだり、悲しくなったり、むずがゆくなったりするのは、なぜなのだろうか？　「隔世遺伝」と言われるときもあるものの、両親との関係よりは意識しない。それは、なぜか？

ここでも「三代目」は、微妙なバランスの上に立っている。

親子関係の難しさ

父親や母親との関係は、しばしば自明に思われる。いや、自明に思われる、という表現そのものに既にバイアスがある。両親との関係、つまり、自分が誰かの子どもであるという事実は否定できない。遺伝にしても家庭環境にしても、親から何らかの影響を受けている事実は消せない。親と自分との関係は、フラットにとらえにくい。

先に述べた「なぜ家系にこだわるのか？」という点をより細かくすれば、「なぜ、親（たち）との関係を、冷静には捉えられないのか？」と言いかえられるだろう。

じっさい、一九八〇年代以降、アメリカ合州国を中心に起きたフォールス・メモリー・シンドロームは、親子関係の難しさを如実に示している。

生きづらさの原因としてトラウマ、とりわけ、幼児期の親からの虐待経験があるとする説が広まる。それとともに、記憶は作り出されているのではないか、とする批判も起きる。親世代との思い出を、うまく昇華できていないからこそこうした事態が起きる。

これにくらべて、祖父母世代との関係は、ここまでこじれるケースは少ないだろう。祖父母世代からの虐待があったり、あるいは、関係がこじれたりすることもありうる。両親に代わって育てを担った祖父や祖母から、ひどい虐待を受けた場合も考えられる。そのトラウマを引きずる人もいるかもしれない。しかしながら、まずもって子育てを担おうとするのは親世代であり、祖父母世代は、その代理であったり、補助であったりするほうが多い。孫と祖父母のかかわりは、親世代からワンクッション置いている。ここに「三代目」の微妙なバランスをみる。

毒親

近年の日本語圏でしばしば取りあげられる「毒親」という言い方もまた、「三代目」を考えるときに示唆を与えてくれる。子どもの頃から過干渉であったり、もしくは、ネグレクトであったりといった、老いてなお悪影響を与えてくる代名詞として「毒親」は使われる。毒を持っているのは親であり、「毒祖母」や「毒祖父」という言い方は成りたたない。まず子育てを担おうとするのが親だからである。親子関係は、しばしばこじれるし、そして、こじれなければ親を乗り越えられないとも考えられているのかもしれない。

いっぽう、祖父母世代と孫世代は、そういった葛藤を抱える恐れは少ない。祖父母から行きすぎた干渉を受けた孫は、ほとんどいないだろうし、その筋合いもない。もちろん、代々続く同族企業であれば、祖父母世代から孫世代に対して、家業を継ぐように圧力がかかるかもしれない。「○○家の名に恥じないように」などとお説教をされるかもしれない。

けれども、そうした「いいおうち」の話は別として、日本に多く見られる同族経営企業のほとんどは、中小企業であり、家柄だとか血統といった「上級国民」がこだわる要素とは無縁だろう（この点については補章2で論じる）。それよりも、ただ家業をつづけてほしい、それに伴って雇っている従業員の雇用を守ってほしいといった、より切実な願いが投影されているにすぎない。

だからやはり「三代目」は微妙なところにある。世代を考えるポイントになる。

3 「三代目」は系図のはじまり

他方で同時に、「三代目」は家系のはじまりでもある。

NHK総合テレビで放送されている『ファミリーヒストリー』という番組を例にとろう。もしこの番組が、著名人の親を追いかけていたら、ドキュメントとしては成立しないだろう。どんな父親・母親だったのかを取材するだけでは、つぎのような番組の目的は果たせないだろう。

著名人の家族の歴史を本人に代わって徹底取材し、「アイデンティティ」や「家族の絆」を見つめる番組。驚きあり、感動ありのドキュメント。[4]

戦国時代の武将にまでさかのぼるときもしばしばあるものの、たいていの場合は、父母よりも上、すなわち祖父母世代が、どのような生き方をしてきたのかをたどる。たどることによって、著名人自身の知らなかった家族の歴史を視聴者とともに初体験する。その体験が、著名人の「アイデンティティ」を浮かびあがらせる。

偶然の積み重ね

その「アイデンティティ」は、ファミリーヒストリーの中で、いっぽうでは必然にも見えるし、もういっぽうでは偶然にも見える。

人を笑わせるのが大好きだった男がいたとする。その孫がコメディアンになれば、必然として納得するだろう。あるいは、寡黙で人づきあいを苦手とする女がいたとする。その孫娘が女優になれば偶然として面白がるだろう。

一面では理屈に基づいた理解と、もう一面では感覚に由来する飲み込みとが、入り混じっているからこそファミリーヒストリーは興味深い。

「三代目は家系のはじまり」としてファミリーツリーを見ると、さまざまな邪推を許してくれる。「あの人は、こんなに裕福だったのか（それなら音楽家になるための十分な教育を受けられたわけだ）」とか、もしくは、「あの人は、政治家や財界人といった由緒正しい家柄なのに、グレてしまって歌手になったのか」といった、邪推を許してくれる。

ＮＨＫ『ファミリーヒストリー』の番組ウェブサイトに「驚きあり、感動あり」と書いてあるように、「ドキュメント」つまり、真実であることによって、さまざまな偶然の重なりを浮き彫りにする。人はみな運命のいたずらにはあらがえない。人はみな思いのままには生きられない。時代の波にまきこまれ、選択の余地はほとんど残されていない。

みずからの体や出生地や家族をほとんど選べない。そして家族もまた、ほとんど何の選びようもない。選択肢がないのは自分だけではない。その選択肢のなさのもととなっている家族もまた、ほとんど何も選ぶことはできなかった。

だからこそわたしたちは、ファミリーヒストリーに惹かれる。そして、そのファミリーヒストリーの始まりの地点こそ「三代目」と言えよう。

4　いま「三代目」を考える意味

「三代目」の社会
ではなぜほかならぬいま、「三代目」を考える意味があるのか。
二つの理由をあげよう。
ひとつは、いまが日本社会にとって近代の「三代目」だからであり、また、もうひとつは、社会学者の見田宗介（見田・大澤 2012）の説くように、現代社会が「三代目の社会」だからである。明治維新にまでさかのぼらなくても、現代の日本社会は、「三代目の社会」として帰路に差し掛かっている。

かりに明治維新を初代とすると、二代目を太平洋戦争後の「戦後」、そして現在その後の「三代目」にある。近代化を目指し欧米に追いつこうとした初代、その負の遺産を清算しながら驚異の高度経済成長を遂げた二代目、そして現在、である。

あるいは、太平洋戦争を初代に置いても良い。戦後の復興から高度経済成長の終わるまでを初代、その後、バブル崩壊までを二代目とすれば、現在は「三代目」に入って既に三〇年が過ぎている。こうした見方もできる。

また、象徴としての天皇は昭和から数えると「三代目」である。明治、大正、昭和、ここまでの「三代」は落ちついてみられる。しかしいま、わたしたちのいる「令和」は「三代目」なのだろうか。こうした「あてどのなさ」こそ、いま、三代目を考える意味である。

見田宗介の議論

いま「三代目」を考える二つの理由として、見田宗介のスケールの大きな議論は示唆を与えてくれる。

見田は、「三代目の社会」という表現に、現代社会の特徴と、未来への希望を込めている。現代社会は、社会のはじまり（初代）、爆発的な成長期（二代目）を経た、三つめのステージにある、ととく。

この三分割を、「売家と唐様で書く三代目」という川柳を補助線に、見田は鮮やかに説明する。見田は、三代目の得た「唐様」という趣味の部分に注目する。家の存続という点では、「売家」と書くにいたった顛末を分析しなければならない。初代や二代目と比べて、いかに三代目が「ぼんくら」だったかについて、厳しい目を持って解析しなければならない。

しかし見田は、この「唐様」というアートこそ三代目の示す希望だと述べる。初代や二代目のように家を発展させる方向ではなく、「文化や自然を楽しみ、友情や愛情を深める、それこそが本来求めている価値だから」だと、大澤真幸との対談で述べている（見田・大澤 2012: 12）。「モノより思い出」という高等遊民的な発想に基づいており、どこまで実現可能なのかは定かではない。定かではないとしても、いや、定かではないからこそ、こうした長いスパンでの社会構想の力は、いまこそ求められている。この点では、数学者の森毅による、「三代目」という小論も参考になる。

格差社会の「三代目」

森は、つぎのように書いている。

文化人でも、親が貧乏だった、という人は多いんです。そやけど、よう聞いたら、おじいさんが金持ちで、その人が絵とか書とか道楽して、とか言うのね。家産を蕩尽して、それで親が貧乏ぐらしで、というパターンがけっこう多い。文化に対しての身のこなし、感受性みたいなものが、結構伝わっている可能性がある。

　そういう意味では、二代目、三代目がのさばる、いうのも、今の時代ではしゃあない、というところがあるんです。あまりにも、今の学校教育、子供を育てる環境が均質化してしまっているから。（森 1997: 65）

「文化に対しての身のこなし、感受性みたいなものが、結構伝わっている可能性」について、いまこそ考えなければならない。

　森は、この可能性を、いまの学校教育や子育て環境の均質化に求めている。機会の平等や社会的な再分配を進めれば進めるほど、ピエール・ブルデューの言う「文化資本」は際立つ。そうした傾向を、森は見抜いている。文化的再生産は、平等化や均質化が進めば進むほど際立ってしまう。ここに、いま「三代目」を考える意味がある。

　格差社会の中でこそ、「三代目」という存在を考える意味がある。

　ここ二〇年来、格差社会の到来が言われる。ホワイトカラーの職業に就いていた父親の子は、またもホワイトカラーに就く傾向が高い。あるいは、都心部の進学校に通った生徒は、東京大学に進学し、中央官庁のキャリア官僚になる。政治家も世襲の占める割合が高まる。そうした社会の不平等化が懸念されて久しい。それゆえに所得再分配や、利益の再配分が求められる。

お金の問題なら税金や社会保障で調整できる。お金やモノによって解決できるものは目に見えるし、遺産相続されないように設計できる。相続税の税率を高めれば（実際、戦後の日本がそうであるように）、三代つづく豪邸は珍しくなる。社会保障にしても、もちろん多くの問題はあるものの、金持ち優遇政策は、戦前に比べればはるかに少ない。そういった社会民主主義な政策の整備が進めば進むほど、ますます、不可視の遺産における不平等は開いていく。社会政策ではどうにもならない側面がクローズアップされる。これが、森毅の議論である。

だからこそいま「三代目」を考える絶好のチャンスなのである。

いっぽうで、社会の不平等が懸念され、均質を目指す政策を導入する。それとともに、文化資本は、目に見えない形で引きつがれる。後者の遺産は、所得の差となってあらわれたり、階層のベースとなったりする。

わたしたちは、格差という見えない現象を、所得という見える要素によって還元し、その差を埋めようとする。そうした動きを続ける限り、「三代目」には、お金が引きつがれなくとも、いや、物質的な豊かさが継承されなければされないほど、よりいっそう文化をめぐる格差は広がっていく。

そうした時代にいるから、「三代目」について考える意味がある。系図と世代「から」近代日本を読む意味がある。

5 「世代」とは何か？

もとより、「世代」とは何だろうか。

日本語圏においては、時代（period）と同じ意味ではそれなりに昔から使われていたと思われるものの、generation の訳語として用いられるようになったのは、ごく最近のことにすぎないようである。たとえば、「ジェネレーション」を意味する「世代」として『日本国語大辞典』で例示されているのは、一九四一年の「若い世代の作家」である。同じころ、一九三五年七月三日の読売新聞夕刊に、哲学者の三木清が「世代の速度」と題した小文を寄せている。

三木は、「人間の一世代即ち親子の間に規則的に観察される年齢の差異は平均三十幾年かであり、三世代がほぼ一世紀にあたるとされる」とする。しかしそれは「生物学的意味」であって、人間、特に現代日本のように社会・文化の変化がはなはだ急速な場合は、「世代の推移も速い」とする。

そして、つぎのように述べる。

世代の移り行く速度は大きい。しかもこの国において特に老人が幅をきかしているのである。現代日本の政治が青年の心に訴えることのないのも当然であろう。老人と青年とが互いに理解できない言葉を語っていることが如何に多いことか。しかもこの国において格別に思想問題が

やかましいのである。〔強調は引用者による〕

この文章から八五年後の二〇二〇年であれば、「老人が幅をきかしている」との嘆きは、よくわかる。超高齢化社会にあって、「老人と青年とが互いに理解できない」のは納得できる。

しかし、この時期は、まだまだ日本社会は若く、血気盛んだった。そう理解する方が自然だろう。そのころに、三木は右のように述べている。その理由は、この「世代」というまとまり・概念に対する理解もまた、「移り行く速度の大きい」中で、とらえきれていないからではないか。いや、いまもなお、日本社会における「世代」とは、常に「移り行く速度の大きい」ものとして扱われているのではないか。

昨今でも、「ゆとり世代」「ロスジェネ世代」「バブル世代」「団塊の世代」と、細切れにいくつもの「世代」を指し示す。「昭和ヒトケタ」という言い方もあれば、「大正世代」もあるし、また、「明治の老人」という言い方もある。世代意識や、世代相互の関係については後述する（第補章1）として、少なくともここでは、日本語圏における「世代」という概念が、（1）歴史の短く、（2）いまもなお「移り行く速度の大きい」ものである、という二点を確かめておきたい。

「世代」を意味する generation は、generate（生み出す）の名詞形であり、もともと、ラテン語の generare（生む）の過去分詞 genus から派生した generatus（生み出された）に由来する。この genus は、いまも英語で生物の「属」や「種類」を意味している。さらにもとをたどれば、ラテン語の gens、つまり、氏族、血統、子孫、民族である。

興味深いのは、このラテン語のgensの複数形gentisが、同時に外国や外国人も含むところだろう。幅広く「人」や「血」のつながりばかりか、そこには直接の関係をもたない「外」の人間についてもまた複数であれば、内側に含まれるとも考えられる。そして、ギリシャ語でもまた、genos（種族）というほとんど同じ文字によってあらわされる。現代でいえば、gene（遺伝子）や、gender（ジェンダー）にも通じる。

また、歴史社会学の観点から見れば、「世代」を意味するといっても、それが、ライフステージ（人生の段階）なのか、それともコーホート（同時期に生まれた集団）なのか、というちがいは重要だろう。村上宏昭は、『世代の歴史社会学』（村上 2012）において、二〇世紀ドイツを素材に、この二つの観点をときほぐしている。

本書では、村上の知見に学びつつ、あくまでも近現代日本の、それも、わたしの個人的な経験から出発する。そのときに、上述のように、（1）歴史の短く、（2）今もなお「移り行く速度の大きい」ものである、から始めたい。

6　本書の見取り図、そして、「三代目」としてのわたし

本書の探究は、つぎのように進められる。

第1章では、わたしを素材としたパブリック・ヒストリー的な考察を行う。第2章では、本書の理論的な背景を整理する。ここで補章1として、世代論の観点から「三代目」を考える意義について論じる。第3章では、小田実『何でも見てやろう』を素材として、そこにあらわれる「三代目」の意識について分析する。つづく第4章では、クロノロジカルな理解として、「個人」をたてるのか「組織」をたてるのか、そのケーススタディとして、パナソニックとトヨタという近代日本の生み出した二つの大企業を比較する。そして、第5章では、「系図」を体現する存在として、さらには歴史意識を具現する天皇家をめぐって考察する。終章では、あらためて本書の意義を確かめる。

この「三代目」をめぐる探究の根底には、個人的な問いがある。わたし自身が「三代目」の気楽さと呪縛に引き裂かれてきたからである。

これは、わたしの家に始まる。半世紀以上もまえに、まだ貧しかったころの祖父母の建てた家に住んでいる。空き家にするよりは、という言い訳を用意して、甘えているのだろう。その、うしろめたさを、ことばにすることによって、少しでもやわらげたい。うしろめたさは、わたしの家系にもかかわる。わたしの家系は、江戸末期から医業に従事した人物が多い。父も祖父も、そして弟も医者という家族のなかで、わたしは、そうではない。こうした二つのうしろめたさから、本書をはじめたい。

わたしの感情や来し方を振りかえるだけではない。関東地方の片隅で、明治維新や関東大震災、そして、太平洋戦争、高度成長といった、さまざまな歴史の波を経て、どのように家族がつづいてきたのか。その歴史を掘りおこしてみたい。

祖父はすでに一〇年以上前に他界し、その妻であり、医者ではなかったものの医系家族の末裔として生きた祖母も三年前に死んだから、もはや祖父母から「三代目」をめぐるライフヒストリーをつむぐことはできない。

それよりも、テレビ番組『ファミリーヒストリー』のように、自らのルーツをたどる旅を通して、「なぜ、私たちは家系にこだわるのか?」、すなわち、「なぜ、三代目なのか?」という問いを、より具体的な実感を伴うものへと昇華させたい。

家系のはじまりとしての「三代目」と、「三代目」としてのわたしは、どのように交わるのか。

より切実な、いまを生きる問いとして、この「三代目」スタディーズを始めることにしよう。

第1章
「三代目」としてのわたし

1 「売家と唐様で書く三代目」

「三代目」としてのわたしの話を始める前に、先にも触れた「売家と唐様で書く三代目」という川柳から得られる示唆に触れたい。

この川柳から、日本の近世から近代にかけての社会変動を見られるのではないか。この川柳に書かれていること、そして、書かれた時代状況を読み解けば、なぜ三代目が注目されるのかという問いを解く、補助線になるのではないか。

具体的に言おう。

売家という商習慣の成立、唐様という芸術用語の登場、そして、「三代目」という家系への着目、この三つの要素が同時に、そしてお互いにつながるように出てくる。日本の近世から近代への移り変わりは、こうした変化が見られる時期であった。

家を売る、すなわち、建物としての家を他人に譲るという物理的な変化と、屋号としての家を血のつながりをもたない他人に渡すという経済的な変化の二つがみられる。この二つはたがいに関係している。家というモノと、家によって営まれる商売というコト、この二つを不即不離の間柄としてとらえるのが、この時期なのである。

唐様という中国における書道の様式をあらわすことばもまた、社会の移り変わりを反映している。唐様の反対語は、何か。和様である。しかし和様は、唐様と常に一対であったわけではない。唐様という言い方は、中国との交流がはじまったころから長く使われているのに対して、和様は、日本というまとまりの盛り上がりとともに用いられはじめる。ナショナリズムと言えるのならばたやすいけれども、それよりももっと、構造的な変化の影響だと考えなければなるまい。その構造的な変化は、「三代目」への着目につながる。

三代目という血のつながりへの着目もまた、この時期に浮かびあがってくるからである。家を売ることができるようになり、そして、日本という国への注目が集まるようになると、この国の中における血筋が正統性を裏書きするツールとして、もてはやされる。売り買いは、モノにとどまらず、屋号という、やや大きな単位に広がる。会社とまでは言えないものの、しかし、単なるモノやヒトではない。売り渡すには、それなりのコストがかかる。コストをかけたわりには、見返りは少ない。なぜなら、唐様を身に付けた、道楽者の主人しか残らないからである。当然、家は潰える。

江戸期の家では、武士と農民の境界線は、あいまいであった。近代化にともなって、つまり、和様への注目が集まるのと同時期に、家は崩れていく。すると、「我が家」というかたちで、みずからの「系図」を見なおそうとする動きがはじまる。江戸期に完成した「イエ社会」の論理を残したまま、近代へと入る。これこそ、近代日本である。本章では、この川柳と、わたしの家を比べる。

2　わたしは、誰の「三代目」か

みんな誰かの「三代目」、とはいえ、誰の三代目なのか。

最低でも二人の祖父と二人の祖母がいる。加えて、養子縁組や離婚、再婚などがあれば、その数はもっと増える。

たとえば天皇家のように、父系にこだわるのであれば、話は早い。祖父、父親、当代、と、その三代の系図をたどるのは簡単だろう。「令和」の天皇を、象徴としては三代目だと位置づければ、初代の昭和天皇との関係を考察することにより、「三代目と近代日本」もまた、彼らの血統と同じように無理やりこじつけられよう。

絶対的な権力者から、平和の象徴へ、その地位を変えた昭和天皇は、どのようにみずからをとらえていたのか。そして、そのとらえ方は、孫＝三代目の徳仁天皇に、いかにして受けつがれている／いないのか。その考察は、終章で試みるとして、ここではひとまず、父系で「三代目」をとらえる簡便さを納得してもらえればよい。

あるいは逆に、山崎豊子の小説『女系家族』（山崎 1966→2002）のように、男社会での女の強さを強調しても、「三代目」の重要さを語ることはできる。ノンフィクション作家の石井妙子が有名一家を追いかけた『日本の血脈』（石井 2012）は、女の強さを軸にしている。実際、小泉純一郎の一家について「女系家族」とのタイトルをつけて活写している。
ひるがえってわたしは、誰の「三代目」なのだろうか。

医者の家系？

「売家と唐様で書く三代目」を、わたしにあてはめてみると、売る家は、ない。いや、正確には、わたしのいま住んでいる建物は、祖父、つまり初代が建てたので、この家を売ることはできる。ただし、先に書いたように、この川柳の「家」とは、モノとしてだけではなく、屋号、すなわち、家業であり、さらには、家柄までも含んでいる。とすれば、わたしは、医者の「三代目」として、この家を売ろうとしている、もしくは、既に売ってしまった。

「開業医ではないので……」という細かい言い訳はできるかもしれない。とはいえそれは、身内に医者のいない大多数の人にとっては、小さな違いにすぎない。それよりも、祖父、父、弟、大伯父、大叔父（父方の祖母の兄弟）、曽祖父（父方の祖母の父）、そのまた上に……と、血縁者に医者が数人いるのだから、医者の家系、と言えよう。

くわえて、「唐様で書く」についてもまた同じである。こうして社会学者という、ある意味では虚業であり道楽とすら言える職業に就いている以上、わたしにあてはまる。

医者という家（家業）を売り、しかもそれを社会学という唐様で書く（論じる）のだから、やはりこの川柳は、わたしにあてはまる。するとわたしは、医者であった祖父の「三代目」として、ひとまずは系図をたどりはじめればよいのだろう。

初代の医者としての祖父

父方の祖父・鈴木誠一は、一九二一年（大正一〇年）四月二八日、現在の東京都千代田区九段に生まれ、二〇〇五年三月二五日に死ぬ。同世代には珍しく、兄弟はいない。本籍地は、東京都中央区築地七丁目七番二号で届出がなされている。築地市場や築地本願寺のすぐ近くであり、いまでは、高層マンションも少なくない。

ただ、築地市場の開場は、一九三五年（昭和一〇年）のことであり、祖父が生まれたときには、「海軍ヶ原」とよばれる築地海軍技術研究所用地だった。何より、築かれた土地、という地名の通り、海を埋め立ててできた河口であり、その歴史は、一六五七年（明暦三年）の大火後の復興計画にさかのぼる。大災害・関東大震災によって焼失した日本橋魚河岸が築地へと移りつつある。このころが祖父・誠一の幼年期に重なる。

祖父もまた、この震災によって東京を出ている。祖父の父・鈴木源次郎は、妻・みきの実家のある埼玉県杉戸町に身を寄せ、復興の兆しが見えたところで、東京都板橋区にふたたび移り住む。この板橋の祖父が建てた家に、いまわたしは住んでいる。そう考えると、すでに一〇〇年近く、この土地に住んでいるものの、地元の名士[1]というにはほど遠い。理由については後述するとして、祖父の人生をたどってみよう。

3　祖父・鈴木誠一の生涯

祖父の履歴については、その死後、祖母のまとめた冊子に記されている。『一医師　鈴木誠一をしのんで』と題した一四四ページほどのA４判の冊子には、祖父の講演原稿や業界誌に寄せた原稿を収めている。冊子に寄せた「鈴木誠一の生涯」という祖母・良江（一九二三―二〇一五）による三ページほどの文章を中心に、彼の人生を追いかける。

サラリーマンの子として

板橋に移った時、祖父の父鈴木源次郎は三菱倉庫に勤めていた、とある。同社は、三菱商事の子会社として現在では四〇〇〇人を超える社員を抱える大企業に成長しているものの、一八八七年（明治二〇年）創業であり、源次郎の在職中は、いまほど大きくはない。一九一八年（大正七年）に東京倉庫という社名から三菱倉庫へと社名変更したばかりで、三菱商事の子会社として、日本橋で輸送業の管理を中心に請け負っていたにすぎない。

じっさい、源次郎の待遇は、いまの三菱倉庫の社員とは比べ物にならなかったと、祖母・良江が繰りかえしこぼしていた。もとより源次郎の父は、現在の新潟県長岡市で塗装業を営み始めた人物であり、しかも、苗字は「鈴木」ではなく、「高橋」であった。

このため、誠一の親戚はみな「高橋」であり、源次郎だけ突然「鈴木」になっている。祖父母の存命中に聞いたところでは、源次郎の父が芸者を愛人としたために、そのおとしまえとして、芸者の苗字「鈴木」を子どもにつけた……という（にわかには信じがたい）経緯だという。女性とのトラブルは、祖父・誠一にもまた影を落とす。それは後に記そう。

源次郎は、当時急速に増えつつあったサラリーマンのひとりであり、その子として誠一が生まれていた。その点に留意してもらえればよい。また、「三代目」という観点から言えば、この「鈴木」という苗字が、代々受け継がれてきたものではなく、源次郎から始まっていることに目を留めてもらえればよい。

なぜなら、（1）都市に流入する新住民としてのサラリーマン家庭に育った誠一の家が、（2）他方で、旧来の「家」の残滓である苗字を守る、という二点の交わる地点に誠一がいるからである。この二点は、本章の後半で述べるように、わたしのもうひとりの祖父が高度経済成長期のサラリーマンだったという点ともまた関連する。

祖父は、当時の西巣鴨第五小学校（現在の東京都豊島区立池袋小学校）に通う、と先の冊子に書かれている。しかしこれは祖父母の記憶違いであって、正しくは一九一八年に開校した「東京市西巣鴨第二尋常小学校」である。板橋の住まいのすぐ近くに小学校（板橋区立板橋第五小学校）ができるのは昭和四年（一九二九年）のため、祖父の入学時には、当時の板橋町にあった町立板橋尋常高等小学校（現在の板橋区立板橋第一小学校、自宅から徒歩約三〇分）よりは、通った小学校の方が通いやすかった

（徒歩約一五分）のだろう。

祖父が一九八八年（昭和六三年）に自費出版した『私の健康観・あなたの健康感』によれば、祖父は「子どもの頃、人前で話そうとすると、真赤になるので、悪童たちによく嘲弄れました」（同書、三〇〇ページ）とある。当時、二歳年下の祖母・良江もまた偶然、同じ小学校に通っていたものの、もちろん二人は知る由もない。

小学校を卒業した祖父は、これも近所（自宅から徒歩約二五分）の東京府立九中学校（現在の東京都立北園高校）[2]に進む。このとき、事故によって膝を痛めたことで、当時重視されていた軍事教練に参加できなかった。これが旧制高校受験に不利に働いた、と祖母にこぼしていたという。正座を生涯できなかったほどだから、重傷というか、当時の医学のレベルからは治しようのないものだったのだろう。ただし、これが原因で受験が上手くいかなかった、というのは、その後を見ると、少し疑わしい。

医者の道へ

なぜなら二年の浪人を経て、ようやく千葉医科大学附属医学専門部（千葉医専、現在の千葉大学医学部）に入学しているからである。

誠一は精神科医になりたかった。彼の書斎には、フロイトをはじめとした精神医学関係の本が多くあり、また一九三〇年代後半の日本では、東京帝国大学医学部出身の精神科医・内村祐之が、エルンスト・クレッチマー（当時の表記では「クレッチメル」）の『天才人』を翻訳するなど、心の病をめぐる関心が高まっていた。そうした風潮の中で誠一は、一九四四年（昭和一九年）に医専を卒業しており、この学生生活について、良江は、つぎのように書いている。

> 戦中時代の学生生活は戦時色こいものでした。医者としての教育は即席で、卒業後は軍医として次々戦地へ送り出されていました。その頃の方達は満足にうけられなかった教育を、戦後自力で努力し世の中に通用する様になったのだと思っています。

誠一は、学生時代に親友となった小松幹司（一九二一―二〇一〇）と出会う。幹司は、良江の兄であり、当時、豊島区千川町（現在の豊島区千川）に住んでいた（後に書くように、良江の実家は、同地で小松医院を営んでおり、元をたどれば、現在の千葉県山武市にルーツのある、江戸期以来の医者の家系である）。誠一の住む板橋の家から徒歩一〇分程度、最寄り駅も池袋駅という近さから行き来するようになる。誠一にとって、親友の妹と親しくなるのは自然な流れだったのだろう。戦争の終わりをはさみ、一九四六年一〇月二六日に結婚する。

誠一は卒業後すぐに海軍軍医学校に入っている。すぐに病欠し、陸軍兵として召集されるものの、病弱ゆえ外地には赴任しないまま終戦を迎えている。誠一の父・源次郎は、当時、三菱商事に転籍しており、家だけは空襲を免れたものの、年金や保険、貯金といったほぼすべての財産を失う。

二四歳の誠一は、ひとりっ子として、母・みきとともに源次郎を養わなければならない立場に置かれる。

先に「地元の名士というにはほど遠い」と書いた理由は、ここにある。

源次郎は、大正期に急速に増えていったサラリーマンのひとりであり、板橋という土地もまた（今も決して富裕層の住む場所ではないが）[3]、今にもまして郊外というか、単なる田舎にすぎなかった。現在にも続く地元の名士としては、他にも多くの家がある。何より、誠一は町内会にはほとんど顔すら出していない。サラリーマンとして都市型の生活を営み、住んでいるだけで町内会に協力しない家は、地元の名士どころか、その反対にある。それゆえに、誠一は、家や地元のしがらみとは全く無縁に職業を選べたし、また、仕事に没頭できたともいえよう。

「売家」というほどのモノもコト（家業や家柄）もなければ、「唐様」というほどの芸もない。ないからこそ、すぐあとで述べるように、東宝診療所に勤める、という向こう見ずな職業選択ができたのだろう。くわえて、目指していた精神科に進むには学力が足りなかったのだと、これも誠一本人が生前に繰りかえし悔やんでいた（わたしの弟が精神科医になった遠因は、ここにあるのかもしれない）。

戦後、東宝診療所へ

召集前に無給の副手（現在の助手）として千葉医科大学に籍だけはあったものの、両親と妻を養わねばならないため、千葉県市川の保健所に勤めはじめる。誠一は、陸軍兵として召集された際に結核にかかり、それをうつされた妻・良江は片肺を摘出する。と同時に、長男・洋通（わたしの父）を妊娠する。洋通は、一九四七年（昭和二二年）七月二二日に生まれるものの、良江は、折からの食糧難による栄養不足もあいまって、実家の小松医院で療養生活を送ることとなる。祖母は子を産むのが精一杯であり、洋通は、団塊の世代には珍しいひとりっ子として過ごしていく。

この療養生活の祖父一家に与えた影響については後述するとして、誠一にとっては、翌一九四八年（昭和二三年）から勤めはじめた東宝診療所での経験が大きな転機となる。彼が、こののち、企業の産業医として出会いと待遇に恵まれた人生を送るきっかけとなったからである。

阪神急行電鉄（現在の阪急電鉄）の小林一三が創業した映画会社・東宝は、当時、東宝争議と呼ばれる、激しい労働闘争の渦中にあった。当時の大スター、大河内伝次郎や原節子らは、新東宝という別会社の作品に出演しており、東宝は倒産すらささやかれている。

人が良い誠一は、この東宝に「結核対策を主として健康管理をやりながら、診療所をつくるということで、一緒にやらないか」と、隈部英雄という結核病学者の誘いを受ける。誠一は、同社の社内報『宝苑』の一九五七年一〇月号に「診療所の九年」と題して、この経緯を振りかえっている（『一医師　鈴木誠一をしのんで』に再録）。

隈部英雄は、一九〇五年（明治三八年）に東京で生まれ、東京帝国大学医学部を卒業し、四三歳の当時、結核予防会結核研究所所長を勤めている（『新潮日本人名辞典』）。結核の第一人者であり、猫の手も借りたい状況のなかで、無一文に近く、また、東宝争議があってもなお誘いを断らない誠一に目をつけたのだろう。事実、東宝争議だけではなく、当時の産業医には、侮蔑的とも言える視線が向けられていた。誠一自身が、次のように記している。

古い先輩から医者の種類として、開業医とか大学の先生とか、役者の医者とか色々あるが、会社の医務室の医者にだけはなるな、あれは医師として下の下であると云われたことがある。おそらくそれには所謂会社医務室の医者が軽視されていた面があったからで、一寸した風邪や腹こわしに只で薬をくれるとか、少しの傷に沃汀をつけるだけでも、会社側でも医務室がないよりは有る方が少しは便利だからおく、医者の方でも昔は大体日本の医師の九割以上が開業医だったから、開業できる人は開業しているし、会社医務室は大学研究室にいる無給副手のアルバイトか、年寄の隠居仕事という人が多かったので（勿論生産工業関係の会社は当時でも立派な設備と、立派な先生方を多く揃えていた）失礼ながら正直な所余り身が入らないのが実情で、社員の方もまあ時間中に勤務時間が多少さぼれるから簡単なのは会社の医者でもいいだろう、むずかしい近くのかかりつけの先生にというのが多かったようである。（前掲「診療所の九年」より）

生前の祖父からは、「石原慎太郎の入社健診をした」といった自慢話を聞かされた覚えがある。彼にとって東宝診療所での仕事は、収入だけではなく個人的な楽しみとしても大きなメリットがあったというべきだろう。

誠一には、「売家」というほどのものはないどころか、逆に、無一文の両親と妻子を養わなければならない。大学の医局に残って出世を待つわけにもいかないし、かといって、学業に秀でているわけでもなければ、体力があるわけでもない。どちらもない。

労働争議で混乱し、しかも倒産の危機すらささやかれる映画会社に新しく作られた医務室に拾われるのが関の山であって、前途洋洋どころか視界不良だったにちがいない。

けれども、まだ日本からの海外旅行が自由化されていなかった一九六六年（昭和四一年）に当時東宝の外国部にいた松岡功氏（小林一三の孫で、テニスの松岡修造の父）と、「欧米視察」と銘打った大名旅行に出たり、あるいは、宝塚歌劇五〇周年パーティー（一九六四年（昭和三九年））に出たり（いずれも『一医師　鈴木誠一をしのんで』に写真が再録）、といった交流を持ち、また、その人脈によって多くの産業医としての収入を得ていく。『東京スポーツ』や『週刊ポスト』といった媒体でも健康相談の連載を持つようになり、小金には困らなかったようだ。

二八年に及ぶ東宝診療所の勤務は、当初の暗雲とは反対に、のべ八〇社（本人談）にも及ぶ産業医としての食いぶちへとつながり、誠一にとって果実をもたらした。厚生省（当時）の外郭団体である財団法人の理事（労働医学研究会）や会長（日本予防医学協会）といったポストにも就けた。八二歳の時に胃がんで倒れてもなお、産業医としての収入とポストを与えてくれる会社もあり、その一年後に自宅で静かに死んだのだから、幸せな人生だったにちがいない。

しかし、投資と女性をめぐるトラブルによって、家を売りこそしなかったものの財産を大きく失うことになった顛末についても記しておかなければなるまい。

家を売りこそしなかったが……

誠一は、東宝診療所への勤務に並行して、同社の株を取得する。その時点では、すでに触れた事情もあり、株価は低いままであり、多額の出費でもなければ、有望な投資でもなかった。お付き合いとして、同社を支える意味合いが強かったのだろう。株の購入を勧められた人物からは「できるだけ長く持つように」と助言されていたという。

同社は、松竹や日活、東映といった同業他社の自滅とも言うべき低迷によって、相対的に株価をあげていく。二〇一九年に過去最高の売り上げを記録するにいたる、その足がかりは、一九九〇年代後半にあったといってよい。特に、『踊る大捜査線』を筆頭にフジテレビと組んだ作品は大ヒットを記録し、一九八三年の『南極物語』に迫るものとなる。一九九〇年代は映画業界にとって冬の時代だったが、二〇〇〇年代以降は上昇基調となる。

誠一が、東宝の株を担保に商品先物取引に手を出したのは、まさにこの時期だった。

「中学の後輩」を名乗る証券会社のセールスマンから自宅で電話を受けた誠一は、誘われるままに投資をはじめる。銘柄は小豆や小麦、投資先はブラジルやアルゼンチンといった、それ自体はウソではないものの、おそらくは儲からない仕組みを駆使していたはずで、世間にうとい誠一は、格好のカモだった。

ここでようやく、誠一と良江の夫婦関係、特に、後者の療養生活が与えた影響に触れられる。なぜならこの影響こそ、この先物取引に際して、誠一が手持ちで自由になる現金を持っていなかった遠因だからである。

誠一は、先物取引の担保として東宝の株券を渡し、そのほとんどを失う。売却額は二億円とも三億円とも言われた。なぜ株券を担保にしたのか。それは、誠一が自由に使える現金や預金を持っていなかったからであり、なぜ持っていなかったかと言えば、良江が厳しく管理していたからである。そしてなぜ管理していたかと言えば、良江は嫁でありながらも、家柄としては彼女の方が圧倒的に上にいたからである。

このアンバランスは、誠一の女性トラブルにつながるのだが、その前に両家の関係について述べなければならない。そのためには、良江の家について触れなければならない。わたしのもうひとつの三代目の起源である祖母について記さなければならない。

4　祖母・鈴木良江の生涯

良江の家系である小松家をめぐっては、一八二五年(文政八年)にはじまる詳細な「小松家年譜」が残されている。良江の父・通允(みちすけ)(一八九五―一九七六)によるものと思われるこの年譜は、小松家のプライドをはしばしから感じさせる。

はじまりは、同年二月一五日に上総国山武郡鴨浜村作田五一七九番地に出生した玄鶴である。父・左仲は、「寺子屋師匠」とあり、墓石には「筆子中建」とあるので、地元の知識人とは言えるだろう。

玄鶴は、その一九年後の天保五年に内科医を開業する医者であり、江戸末期から明治初期の漢詩人・大沼枕山（一八一八―一八九一）によって詩に詠まれている（「寄題小松玄鶴東涯舎」『枕山詩抄二編巻之上』）。年譜によれば、「上総に小松玄鶴、江戸に浅田宗伯ありと称せらる」と書かれている。浅田宗伯（一八一五―一八九四）といえば、徳川将軍家の典医、明治でも宮内省侍医を務め、「浅田飴」の由来となったことでも知られている。[4] 対して小松玄鶴は、一般には無名である。大沼枕山の詩にしても、おそらくは、玄鶴との交友を示すにすぎず、とりたてて彼が名医だった証拠にはならないだろう。

「売家と唐様で書く三代目」という川柳に照らせば、この小松家が代々続く医者の家系であったことこそ重要である。

玄鶴の息子、貞介は、二番目の妻・とりとのあいだに一八七四年（明治七年）二月一日に生まれている。一八九三年一〇月六日に玄鶴は没し、その八年後の一九〇一年（明治三四年）に貞介は医術試験に合格し、医者の道を歩みはじめる。この貞介の長女・やす（一九〇一―一九七九）が、良江の母、つまり、わたしの曽祖母にあたる。

通允は、もともと、小松玄鶴が医院を営んでいた山武郡の長光寺の住職・蓮見日嚴の三男として生まれ、その後、小松家の婿入りしている。この通允という名前は、現在も続く長光寺の住職の名前として蓮見家に引きつがれており、また、小松・蓮見両家の家系図からは、ともに入りくんでいる様子が見てとれる。レヴィ＝ストロースを持ち出さなくても、交差イトコ婚とはこうしたものだと理解できる（つぎのページにある小松家系図を参照されたい）。

良江は、三代目の医者として婿入りしてきた通允の娘として小松家に生まれる。なぜ、ここであの川柳を持ち出すのかと言えば、もちろん理由がある。通允の父・貞介が、一九〇六年（明治三九年）に日本橋区馬喰町四丁目一一番地に小松小児科院を作ったからである。二代目としての貞介は、千葉の山武を捨て、都会に出てくる。

誠一の家・鈴木家と同じく、関東大震災によって馬喰町の家を失う。ここに婿としてきた通允は、貞介とともに再建し診療を再開し、得た金で一九三四年、豊島区千川町一丁目一八番地に別宅（別荘）を新築する（千川は、今でこそ住宅街に姿を変えているものの、当時は、日本橋の住民が別荘をつくるほどの郊外だった）。一九四五年の東京大空襲によって馬喰町の医院をまたしても焼け出され、同年一一月、千川の家に小松小児科院を開業する。

良江は、一九二三年（大正一二年）三月五日に生まれている。同年九月一日に起きた関東大震災について曽祖母は「おせきはん」という手記を残している。決して流麗とは言えないものの、真摯な文体の手記からは、焼け野原から、いかに立ち直っていったのかが、昨日のことのように伝わる。

この震災体験は、良江を医学へと動機づける。

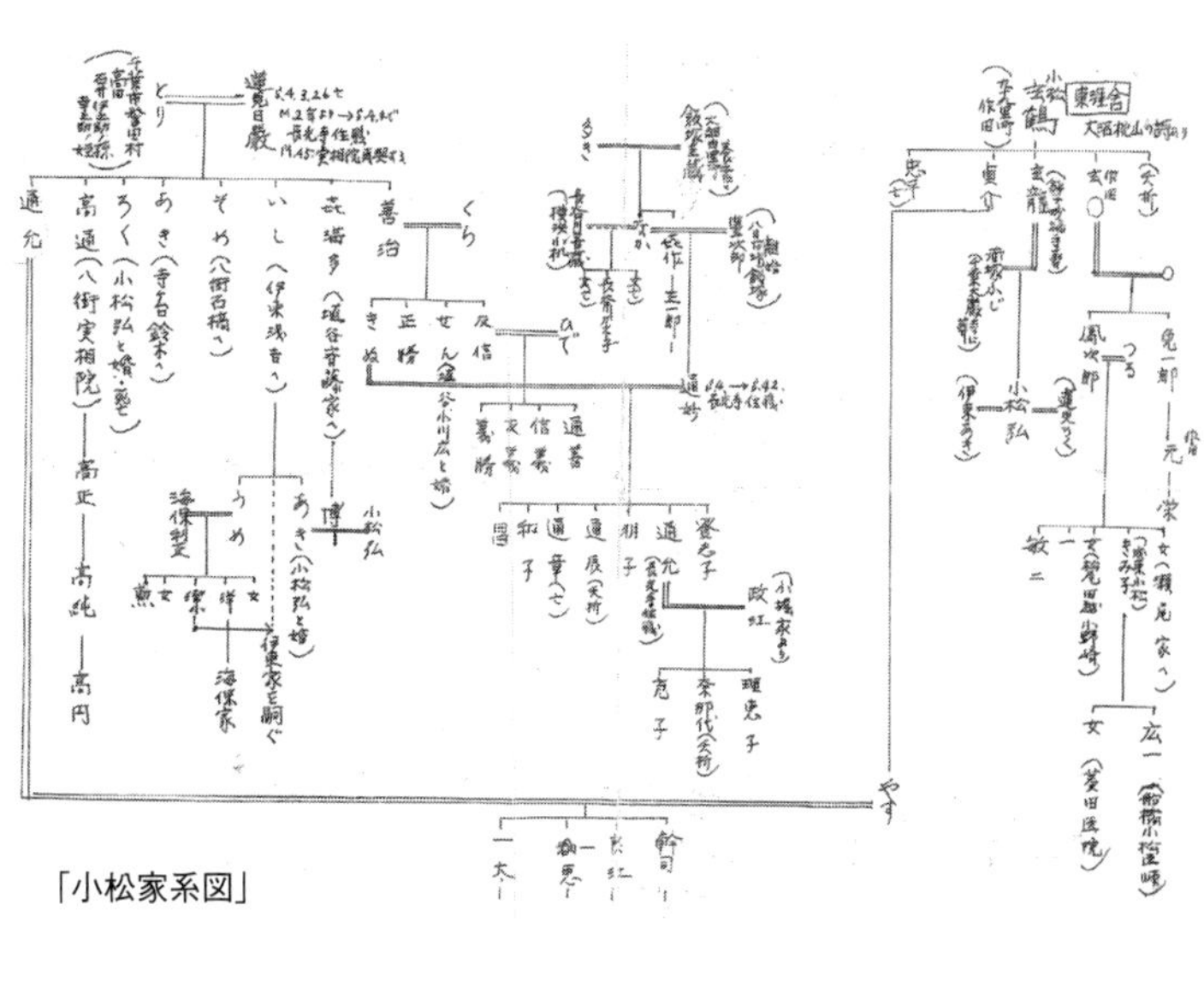

「小松家系図」

良江は、東京女子師範学校（現在のお茶の水女子大学）附属高等女学校に進み、大学進学を望む。キュリー夫人に憧れ、医学の研究者になりたかったという良江もまた、医者の家系の子だった。彼女は、東京女子医専（現在の東京女子医大）にも、東京女子師範学校にも進んでいない。良江の兄・幹司と弟の一太がともに医者になろうとしていたから、良江は身を引いた。

「三代目」としての通允がいなければ、彼の馬力がなければ、小松家は途絶えていたのであり、「売家」と描くほどの余裕はないばかりか、逆に、彼は、家を災害と戦争によって失っている。その逆境をバネに、戦後、小松小児科院は隆盛をきわめていく。良江が、結核による療養生活に入ったのはこのころだった。小松小児科院が軌道に乗りはじめ、鈴木家とは異なる地元の名士としてもちあげられはじめた、まさにこの時期だった。

かたや鈴木家では、戦争に家屋以外のすべてを失い、二四歳の若い無給医にすぎない誠一の肩に一家四人の生活がのしかかっていた。これに対し、小松家は、馬喰町という都心で営んでいた小児科が別荘に開いた医院が繁盛し、地域の尊敬を集める。通允が一九七五年に死んだ後に、同医院を継いだ一太は、豊島区医師会の副会長になるほどだった。地元では、顔が広く、人付き合いの良い医者として知られていた。さらに、小松家の直系である「やす」(良江の母)は、のちに大日本茶道学会の印可教授を務めた、名家のお嬢様だった。良江もまた茶道学会に入り、晩年まで自宅に仲間を集めて茶道の稽古を続けていた。

ここでもうひとつ付けくわえなければならない。

小松医院は、あっという間に潰れてしまうことを言わなければならない。一太は、曲折のすえ財産ばかりか、医院も隣接する家も、土地もすべてを失う。一太には一人息子がいるものの医者ではないため、医系としての小松家は、一太で途絶える。

小松家と比べると、鈴木家が、いかに平凡な、もしくは、とるに足らないものだったかが見えるだろう。こうした違いは、誠一において、晩年までコンプレックスとして残っていたとみられる。また、良江にとっては、自分の息子・洋通をなんとしてでも医者にしたかっただろう。その呪いというかこだわりというか願いは、彼女にとっての「三代目」にあたるわたしにまでいたることになる。そうしたわたしの葛藤を記す前に、誠一の女性トラブルについてみておこう。

5 祖父・誠一の女性問題、そして、

先物取引、そして、その担保として誠一が東宝の株券を差し出した。この一連の事態は、誠一が良江にお金をせがんだところで発覚する。その過程で、誠一には長年つきあった愛人がおり、彼女にステーキハウスを出店させる費用まで負担していたことも明らかになった。

愛人に貢いだ額は、一億円とも二億円とも言われたが、本当のところは誰にもわからないだろう。誠一は、いくつもあった産業医の収入のうち大半を、愛人の口座に直接振り込ませるようにしていた（とわたしは聞いている）からである。

良江によれば、「出張」と偽っては、女性と旅行に出かけたり、あるいは外泊したりしていた。そうした兆候はいくつもあったらしく、良江は見て見ぬふりをしてきた。先物取引の発覚に伴い、いよいよお金がなくなった誠一の金の出入りを洗ったところ明るみに出た。先物取引がなければ、誠一が死ぬまで、もしくは死んでも、愛人の存在は、家族には明確にはわからなかったかもしれない。

小松家と鈴木家の家柄の違い、もしくは、家の格の違いを、誠一の愛人づくりの言い訳にするのは、安易に思われるかもしれない。けれども、ここまで見てきたように、大正期のサラリーマン一家から、傑出しているとは言えない頭と体力で、人柄の良さと、それに伴う人脈をよすがに生きて

きた、ひとりの平凡な男性の姿を思い浮かべてもらえればよい。

「売家と唐様で書く」のがわたしであるとすれば、売ろうとしているものは、祖父が持っていた人柄であり、また、祖母がもっていた名家としてのプライドなのかもしれない。そして、それは、また別の「三代目」、つまりは、母方の祖父と祖母に照らしてみると、よりクリアに見えてくるにちがいない。

6　母方の祖父母をとおして

わたしの母方の祖父・深山邦久は、一九二〇年に山梨県一宮町（現在は笛吹市）の果物農家の次男として生まれている。果物農家と言っても、戸主は地元の中学校の校長を務めており、鈴木家と比べればはるかに「地元の名士」と呼ぶのにふさわしい。甲府盆地の東端に位置する一宮町は、江戸期には養蚕が盛んだったから、祖父の実家が果物農家として繁盛するのは、昭和以降である。

わたしは何度かその実家に行った。近くを通る甲州街道を、親戚は「金丸道路」と呼んでいた。自民党のドンとして権勢をふるった金丸信[5]（一九一四―一九九六）の利益誘導で拡張された、とのニュアンスを含んでいたのだろう。甲州街道は昔からの幹線道路「街道」であって、とりたてて金丸の力によって大きくなったものとは言えないのではないか。

裏をかえせば、金丸信という政治家の威光の大きさを地元で認めあうことそのものに意味があったのだろう。地元にきちんと還元してくれる政治家、国政にも絶大な影響力を持ちながら、決して故郷を忘れない人情家、という神話を保つ必要があったのだろう。

そんなところからも「新しい」家のありさまを思い浮かべられる。

「新しい」家だったからこそ、逆に、長子であり長男である大伯父を優遇する傾向は強く、生前の祖父は、「長男は色々いいこともあるんだが、次男は長男を見て育つから、ずるいっちゅうか、得するところも多いわね」としばしば語っていた。不遇にも負けず、かなりの部分を自分の手で切り開いたという自負が祖父には大きかったのであり、それを子どもにこぼすことによって、自らを支えていたと思われる。

その祖父は、旧制静岡高校から東京帝国大学経済学部に進み、三菱商事に入社している。先に述べたように、父方の祖父・誠一は、東京大学どころか、千葉医科大学附属医学専門部に、しかも二年も浪人して入ったのだから、二人の学力の違いは指摘するまでもない。

祖父・邦久は、当時の「商社マン」としては非常に珍しく、一度も海外赴任を経験しないまま、最後は、岡山の小さな造船会社の社長として会社員人生を終えている。杉並区阿佐ヶ谷に小さな一軒家を建て、わたしの母を長子に、男二人の合計三人を養うためには、猛烈サラリーマンとして働きづめだった。

わたしの記憶は、祖父・邦久の退職以降しかないため、大柄で落ち着いた老人、というものである。母や祖母・八重子にとっては、厳父としての思い出があまりに強く刻まれていて、終生、ぎこちない会話をしていた。少なくとも、わたしにはそう見えていた。向田邦子の『父の詫び状』（向田 1978→2005）をはじめとするエッセイを読んだとき、わたしは祖父のイメージを重ねた。高度経済成長期のサラリーマンに典型的な、仕事しかしない人物だったわけではないものの、かといって、ニューファミリーと言われるほどには、やさしいわけではない。厳しい父親を演じている側面も多かったのだろう。その演技は、祖父自身にとってかなりの負担だったのではないか。その負担は、進学、就職、結婚という彼の人生に常に伴っているようにも思える。

もちろん、旧制高校から帝国大学への進学、さらには、三菱商事への就職は、日本のエリートと呼ばれてもおかしくはない。けれども、祖父自身「本当に」その道を進みたかったかどうかは、疑わしい。その疑いは、結婚に典型的に見られるからである。

地方出身者と商人の結婚

わたしの母型の祖母・旧姓・杉本八重子は、一九二七年二月二二日に東京・浅草に生まれている。生家はおもちゃ問屋であり、永六輔の生家とも近く、八重子はしばしば実家のことを「永住町（ながすみちょう）」と呼んでいた。東京の下町で育った祖母と、山梨で育ち、上京してきた祖父の結婚は、やはり少し無理があったのかもしれない。田舎の農家の次男が、首都の商人の娘を娶（めと）る。立身出世の野心を抱えた男が、都会のお金持ちの娘を足がかりに、さらに上昇していく。この物語であれば、十分に納得できるだろう。少なくとも祖父母の場合は、そうではなかった。

サラリーマンである祖父・邦久はひとりで、当時郊外だった阿佐ヶ谷に土地と家を買い、三人の子どもを含めた一家を養わなければならなかった。

当時の杉並区は、戦前から「阿佐ヶ谷文士村」という井伏鱒二をはじめ作家が多く住む地域として知られていた。祖父母の家は、それとは離れた場所にあり、わたしの子どもの頃（一九八〇年代）ですら、畑の点在するところだった。郊外のニュータウンとまではいかなくとも、浅草出身の祖母・八重子にとってみれば、十分に「田舎」という感覚だろうし、ひょっとすると都落ちとすら思っていたかもしれない。

祖母は、商人の娘として、とりたてて何かに秀でたわけではなかったが、当時、NHKテレビの『きょうの料理』に出演する程度には、料理を得意としていたようである。また、一九五四年三月に米国がビキニ環礁で実施した水爆実験への反対運動にも関心はあったらしいし、わたしの物心がついたときには、水泳のコーチや地域の合唱団など、いろいろと精力的に動いていた。戦後の専業主婦が得られるメリットを最大限享受したひとりだった。

しかし、先に述べたように、この結婚には、やはり無理があったように思われる。

なぜなら、祖父と祖母には、同世代という要素以外に共有するバックグラウンドがほとんどなかったからである。地方の農家の次男という、虐げられ、頑張るしかない立場の祖父と、都会の商人の娘として育てられた祖母とでは、見える景色がまったく違うからである。

違うからこそ、純愛の末に結ばれた、とする微笑ましい解釈もできるかもしれない。とはいえ、いかに二人が隔った世界に生きてきたのかは、簡単に想像できる。生活世界が異なるからといって結婚できないわけではないし、かえって、異なるからこそ首尾よく進む場合も多い。ただし、わたしの祖父と祖母についていては、そうではなかったのではないか。

じっさい、一九九四年、祖母は六七歳の時、交通事故で重傷を負い、祖父が介護する生活に入るものの、それは二年ほどで、後者の死によって終わる。当時は介護保険導入前であり、七〇歳を超えた祖父にとっての老老介護は厳しいという表現では足りなかった。けれども、わずか二年で、それも死をもって破綻する。この結末は、二人の結婚に、そもそも無理があった証左ではないか。

身内の恥をさらにさらせば、祖母のこの事故、祖父の死を通じて、母の兄弟は絶縁する。よくあること、と言えばそれまでだが、家族の不満は、平時に隠蔽していればしているほど、少しのきっかけで、あっという間に爆発する。不満には、もちろん、小さいものから大きなものまでたくさんあるだろうけれども、それよりも、そもそもこの結婚、すなわち上昇婚の無理を示しているのではないか。もともと、上昇婚とは何なのかという点からもまた、この結婚を考え直せるのではないか。考え直すことによって、「三代目」という視点もまた別の意味を持つのではないか。

7　結婚から見る「三代目」

地方の農家と都会の商人の結婚には無理が生じていたのではないか、と述べた。けれども、出身地域や職種の違いは日本においては、ごく当たり前であり、同じ属性で結びつく方が珍しい。いや、正確には、近代日本、とりわけ、大正期から進む都市への人口流入が強まるなかでは、まったく別々の出自を持つ者同士の結婚の方が一般的になっていく。家と家の結びつきよりも、恋愛に基づく結婚が増えるからである。

その前史としては、社会学者の井上俊が明らかにしているように、また、通説的にも明らかなように、「恋愛と、制度としての結婚＝社会秩序との矛盾・敵対は、フランス革命以降、深化・拡大の過程を歩み、一九世紀の後半にはその頂点に達する」（井上 1966）。その果てに、「恋愛統制の機能」すなわち、「恋愛は結婚を前提とするものと意識される」機能が働く。

自由な恋愛は、当初、因習にとらわれた結婚＝社会秩序と対立する。前者は、市民社会のシンボルとして、後者は貴族社会の悪弊として、二項対立になる。にもかかわらず、もしくは、だからこそ、恋愛の自由度を称えるほど、かえって、結婚に一直線に結びつくかのようなとらえ方が広まる。これが、井上のいう「恋愛結婚の誕生」である。

他方で、これも井上が指摘する通り、「わが国の場合には、恋愛結婚理念は純然たる輸入品である」ため、「恋愛統制の機能」を十全に果たしているとは言いがたい。というよりも、そもそも恋愛結婚にどのような機能があるのかは、日本の文脈に照らしてとらえなおさなければならない。

しばしば参照されるように、一九六〇年代末まで日本では見合い結婚の方が多かった。祖父母たちが結婚した一九四〇年代は、もちろん、恋愛結婚は少数派（一〇％台後半）だったのであり、いくら都市部に流入するサラリーマン層が増えつつあったとはいえ、それもまた多数派ではなかった。社会学者の渡邊勉の研究によれば、大都市圏（埼玉、千葉、東京、神奈川、愛知、京都、大阪、兵庫の八都府県）の人口比は、一九二〇年から一九四〇年代半ばまで増えているものの、それでも、三五・二九%であり、戦後、一九七一年まで一貫して上昇し続け四二・九六%となったのに比べれば、まだ低い（渡邊 2019）。もとより、二〇一五年時点では、大都市圏（三大都市圏）が五一・八%を占め、それ以外の地域（四八・二%）を上回っている。特に、東京圏（埼玉、千葉、東京、神奈川）だけでも二八・四%となり、四人に一人以上がこの地域に住んでいるのが現状である（総務省統計局「国勢調査」）。

わたしの母方の祖父母は、非大都市圏以外の人口が多い時代、つまり、まだ地方出身者が多数派の時代に、そして、お見合い結婚が多くを占める時代に結婚している。父方の祖父母は、恋愛結婚という点では少数派ではあるものの、共に東京出身である点で、共通している。他方で、この二つの結婚は、ともに、妻側の実家の方が裕福であり、いわゆる逆玉、上昇婚としてもとらえられる。実態としては、その実家からの経済的な援助はほとんどなく、かえって夫側の劣等感を刺激するばかりだったかもしれないが、形の上では、上昇婚と言える。

出身地と「三代目」

では、上昇婚は、「三代目」もとより、家系にとって、どのような影響を及ぼすのだろうか。

ひとつは、近代、特に戦後日本における世代をまたぐ流動性の高さであり、それゆえに家系、もしくは「家」は引きつがれない、という点である。所得の多い家だからといって、芸術や文化に造詣が深いわけではないし、読書が習慣化されているわけでもない。社会学者の竹内洋の研究[7]（竹内 2007）をはじめとしてすでに明らかにされているとおり、読書は、立身出世のためのツールであり、勉強は刻苦とともに乗り越えようとする壁として立ちはだかっている。

出身家庭の資産の多い少ないよりも、地域差や出身学校ごとの「伝統」、いわゆる「伝統」に、過剰とも言えるほどに注目するし、それを通じて互いの共通性を確かめなければ安心できない。卑近な例で言えば、テレビ番組の『秘密のケンミンＳｈｏｗ極』（読売テレビ系列）をあげられる。出身地や地域を通じた同類性や共有する思い出を、いちいちおおげさに確認しないと、みずからのアイデンティティを見つめられない。裏返せば、同質性が高いと言われながらも、その実、ハビトゥスとしてくることのできるような見えない徴（しるし）はない。形式的な要素にこだわるしかない。こだわりは、実質、内実を欠いているだけに、よりいっそう同調圧力が高まる。「出身地が同じである」、あるいは、「出身校が一緒だ」という共通点は、それ以外にいかなる実質をともなわない。ともなわないからこそ、さらに、その共通性に意味を持たせようとする方向に同調圧力が働く。

いわば、（1）同調圧力が強い、と言われる背景には、（2）その同質性の根拠が内容を欠く、それだけに、（3）その圧力をより一層強めようとする圧力が強まる、という循環が見られる。（1）は、（2）を生み出し、さらに（3）によって強まり、（1）へと戻っている。そして、この循環は、

「三代目」という血統に対する信頼と、その反面での嫌悪の循環とも似ている。

言い換えると、(1')「創業〇年」という由緒正しさに重きを置く、と言われる背景には、(2')その由緒正しさを担保するエートスやハビトゥス(見えない資産)に乏しい、それだけに、(3')その空虚さを支えようとして、より一層、「家」や「家系」に重きを置こうとする。それゆえに、かえって(3')への嫌悪もまた、「ボンボン」、とりわけ「売家と唐様で書く三代目」と揶揄される。

三代目の機制

貴族なる特権階級がおらず、そうしたエスタブリッシュメント、羨望と嫉妬の対象をほとんどすべて天皇家(もしくは天皇個人)に背負わせてきた。その天皇家にしても、代々続く根拠、正統性と正当性を、実は、ともに欠いている。天皇家が続いているのは、その続いているという事実性(歴史の重みのみ)に由来する。

天皇家は続いているから続いている、という形で循環している。その循環を解き放とうとすれば、日本国としての正統性と正当性がゆらいでしまいそうで、誰もそのパンドラの箱は開けられない。天皇家についてもまた、先に示した循環が作動している。

(1")天皇家を尊敬する、と言われる背景には、(2")その正統性と正当性を支える要素に乏しいため、(3")より一層、「非合理ゆえに我信ず」としか言えない構造が生じる。それゆえにさらに(1")に拍車がかかる。

天皇家「だけは」特別だ、という幻想をより強める幻想として、戦後民主主義の果てとしての「一億総中流」幻想があらわれたのではないか。そして、「三代目」もしくはあの「売家と唐様で書く三代目」という川柳が、これほどまでに人口に膾炙したのは、この幻想の二重構造をガス抜きしたり、あるいは、強めたりするからではないか。

だからこそ、近代日本、戦後日本における「三代目」の位置づけ、つまりは、「三代目」をめぐる語られ方を見つめる作業は、この国のかたちを見つめる営みと同義なのではないだろうか。

虚焦点として天皇家があり、その縮小再生産としての「老舗」や「三代目」がある。この点を、わたしの家系に照らしてみれば、より理解しやすい。

わたしは、医者の家系（父方の祖父）、開業医の家系（父方の祖母）、地方出身のサラリーマン（母方の祖父）、都会の商人（母方の祖母）、そのいずれの系統にも属していない。属していない理由もまたない。継ぐべき、継ぐほどの家が、モノとしても、コト（エートスやハビトゥス）としてもない。ないからこそ、こうして自分自身のルーツをたどる欲望へと動機づけられる。わたしはどこからきて、どこへいこうとしているのか。その道筋を見たくなる。見たくなるからといって、両親の足跡をたどるのは生々しい。生々しいから祖父母世代に逃げる。その逃げ方は、「三代目」が家系のはじまりであるとともに、逆に、家系の終わりでもあるからだろう。

本章で見てきたように、祖父母世代の築いた数少ない財産は、わたしにはほとんど何も残されていない。わたしだけの事情ではない。制度の面から言えば、相続税の高さや、介護保険の仕組み等により、世代をまたいだ資産の継承ばかりか、同居すら難しくなっている。とりわけ、都市部では、二世代ならまだしも、三世代が同居できる住居を確保するのは非常に難しい。

「三代目」を考えるにあたっては、こうした制度上の側面にも目を向けなければなるまい。なぜ、その制度ができて、どのように運用されているのか。また、その制度をめぐって、いかなることばが交わされているのかを見なければならない。

近代日本は、「あてどのなさ」を特徴とする社会ではないか、と書いた。その「あてどのなさ」とは、本章で見てきた、わたしの「世代と系図」にもつうじる。世襲によって家を継いでいるわけではない。かといって、「たたきあげ」によって上昇したわけでもない。

しかし、「世代」をこえて、家というモノや、少ないながらも文化資本を受けついではいる。墓を持っており、「系図」をたどることもできる。「世代と系図から」見れば、江戸期のような「イエ社会」とも言えないものの、立身出世主義によって築いたものにも、もはや乏しい。

そんなわたしが、みずからを「三代目」と呼べること、もしくは、呼ぼうとしていること。この点にこそ、近代日本の自由さがある。「初代」を、祖父母四人のうち誰においても許される。あるいは、誰にも置かなくても構わない。こうした「あてどのなさ」こそ、近代日本の現在地点なのではないか。この点について、より理論的に裏付ける作業を、つぎの章で試みる。

第2章

「三代目」を理論化する

1 「三代目」への補助線

本章では「三代目」から近代日本を読み解くにあたって、理論的な後ろ盾を得ておこう。そのため、エドワード・W・サイード『始まりの現象』と、村上泰亮・公文俊平・佐藤誠三郎『文明としてのイエ社会』、そして、佐藤俊樹『近代・組織・資本主義』の三冊をふまえる。

「三代目」を、「始まりの現象」ととらえる。そして、「イエ社会」と「ウジ社会」の結節点にあり、「組織」としての「家」を見つめる重要なタグになるのではないか、との仮説を本章で示す。

Origin＝大文字の起源、そこにしかない唯一無二の出発点ではなく、beginnings＝複数の「始まり」として「三代目」を位置づける。流動性の高い現代における「三代目」は、古代の血縁のみでつながる「ウジ社会」と、「血縁なき血縁原則」によって続く「イエ社会」、その二つの社会がつながるところにあるのではないか。この観点から『文明としてのイエ社会』を読み直す。そうした二つの視点をふまえ、「三代目」をいま考える意味を、近代の組織としての「家」を再び考えるところに置く。

「三代目」の価値を牽強付会に唱えるのではない。古典における議論との接点を探り、よりやわらかな理解が進む。その理解は、読者にとってだけではなく、書き手としてのわたし自身にもまたあてはまる。「三代目」について議論を進めるうちに、少しずつその価値を浮き彫りにしていく。それこそ、本書の価値であると信じている。なぜなら、この姿勢は、『始まりの現象』に通じるからである。

2 「始まりの現象」としての「三代目」

人は、なぜ家系にこだわるのか。

この問いについては、序章を引きついで、ここでもあらためて確かめよう。

わたしたちは、どこから来て、どこにいくのか。起源をめぐる問いから解きはなたれてはいないのではないか。わたしたちは、自分のルーツ、出自について、多かれ少なかれこだわる。生まれや育ちから、まったくもって自由な人間は、どこにもいない。いかなる人間も、自分が誰から生まれたのか、そして、どこで生まれたのか、という事実からは逃れられない。逃れられないというよりも、ポール・ゴーギャンの絵画のタイトル『我々はどこから来たのか？　我々は何者なのか？　我々はどこへ行くのか？』の問いから、まったく自由にはなれない。

わたしたちは、かりに完全無欠な「起源」（Origin）を問わないとしても、自分（たち）がどこから来たのか、どういう系譜に連なっているのかを問わずにはいられない。このあとに説明する「始まりの現象」への興味や関心、もしくは欲動とも呼ぶべき思いに突かれるからであり、そしてそのタグこそ「三代目」である。この「始まりの現象」はエドワード・W・サイードの著作に由来する。

『始まりの現象』

サイードの評論集 *Beginnings; Intention & Method*（以下、『始まりの現象』）は、一九七五年に出版された。彼は、一九三五年にエルサレムで生まれ、二〇〇三年に白血病のためニューヨークで死去するまで、執筆だけではなく、パレスチナ解放運動においても活躍した。著作は膨大な数にのぼる。その彼の名を高めたのが、この本だった。

映画『地獄の黙示録』の原作『闇の奥』で有名なジョセフ・コンラッドをめぐる博士論文を彼は初の著書としてあらわし、コンラッドについては『始まりの現象』でも論じている。けれども、『始まりの現象』は、より思想的な主題へと傾いている。中世イタリアの哲学者ジャンバッティスタ・ヴィーコと、現代フランスの哲学者ジャック・デリダ、さらには、ロラン・バルト、クロード・レヴィ＝ストロース、ジャック・ラカンといった思想家を相手に、「意図的であり、生産的な活動であり、そして、喪失感を含む諸状況をめぐる活動としての始まり」(Said 1975 → 2012: 372) を論じている。

本書は、「三代目」を「始まり」、それも、複数の「始まり」(beginnings) とする。この点をめぐる示唆を、サイードから得られるだろう。

「始まり」と「起源」の違い

サイードは、同書の冒頭部分で、「始まり」と「起源」の違いについて、こう述べている。

「始まり」ということばと、「起源」ということばのあいだには、意味の体系に関する絶えまのない変化がある。その意味の多くは、もちろん、「始まり」を、より重要な優先順位、重要性、そして、説明力を持って伝えるものへと置きかえる。わたしが「始まり」を使うかぎりは、出来るかぎり常に、より能動的な意味を持つものとして扱うのに対して、「起源」は、より受動的な意味を持たせている。「XがYの起源である」と使うのに対して、「Aという始まりが、Bに至る」という具合だ。(Said 1975 → 2012: 6、引用にあたって原文より拙訳した。以下も同様)

サイードは、この引用のすぐあとに、「複数の起源」(origins)という使い方をしているので、「起源」そのものを全否定するわけではない。それよりも、「単一の大文字の起源」(Origin)にあらがっている。なぜならOriginとは、それ以外に疑いようのない地点を定めようとする身ぶりだからである。ひとつの固定した、動かしようのない受動的な場所ではなく、複数の能動的な出発点を定める営みへの解放をめざしている。

この方針は、サイードの批評における態度を特徴づける「世俗性」(secularity)とも通じる。文学や批評の世界に閉じこもるのではなく、より広く、一般へと開いていく姿勢は、この「始まりの現象」をめぐる定義とも通じている。「複数の始まり」（beginnings）という用語は、だから、革新（innovation）であり、刷新（novelty）であり、独自性（originality）であり、さらには、革命（revolution）、変化（change）であるとともに、慣習（convention）や伝統（tradition）、あるいは、区切り（period）や権威（authority）や影響（influence）でもあると、彼は述べる。

能動的に何かを仕かけるとともに、さまざまな可能性と動きを含む、わくわくする胸躍る用語として「複数の始まり」をとらえなおす。

別のところの表現を借りれば、「「始まり」とは、それ自身の特別な総体による創造物（creature）であり、その歴史＝政治的状況を分析することによって完全に説明されるものでもなければ、「確定した始まり」（the beginning）と呼ばれる、決まった日時に封じこめられるものでもない」（Said 1975→2012:18）と書く。

主題は、大文字で単数の起源（Origin）ではなく、小文字で複数の始まり（beginnings）である。これを、フランス構造主義への批判的な紹介によって説明するところに、『始まりの現象』の醍醐味がある。本書では、「小文字で複数の始まり」として「三代目」を見なおす示唆を受けとろう。

「小文字で複数の始まり」としての「三代目」

わたしたちは、自分のルーツや系図から自由にはなれない。

他方で同時に、第1章でわたしの系図について述べたように、自分のOriginについて語ろうとしても限りがある。たどれるのは、せいぜい江戸末期までである場合がほとんどであり、さらにさかのぼれたとしても、とても縁遠い。

なぜなら、流動性が高い以上、先祖代々同じ土地にいる可能性も、もしくは同じ職業をつづけている可能性も、ともにかなり低いからである。たとえ同じ土地に住んでいるとしても、ちがう商売をしていたり、もしくは、すでに商売をしていなかったりする。あるいは、同じ職業に就いていたとしても、ちがう土地に住んでいる場合がある。

だからこそ、たとえば、「創業百年」をうたう「百年企業」の現存する企業に占める割合は、非常に少なく、二〇一九年時点では、わずか二・二七%にすぎない。「老舗企業」の多い印象のある京都府ですら、その割合は、四・七三%にとどまる。[1] しかも、最上位の八九四社にのぼるのは「貸事務所」であって、結局は、土地や不動産を持っている(だけの)企業が営んでいるとみられる。「百年企業」は、それほどまでに珍しく、かりに続いていたとしても、同じ業種ではない場合も多い。

どこかに「大文字で単数の起源(Origin)」、つまり、決まったひとつだけの根っこがあるのではない。たとえ「老舗企業」と呼ばれる長命の組織であっても、「小文字で複数の始まり(beginnings)」があると考えた方が妥当だろう。

本書第4章で見るように、トヨタ自動車にもあてはまる。同社を「三代目」という観点からとらえようと試みる理由は、ここにある。自動織機の会社として出発したからこそ、その「小文字で複数の始まり（beginnings）」として、今よりも二代前の豊田喜一郎を自動車事業の初代として考えられる。

くわえて、序章で指摘したように、ここには恣意性が入りこむ。誰を自分の「三代目」とするのか。それは恣意的な選択の結果である。それゆえ「小文字で複数の始まり（beginnings）」について、サイードの述べる、革新、刷新、独自性、革命、変化、慣習、伝統、区切り、権威、影響といった点において、「三代目」というタグは、さまざまな要素を持つ「出発点」にほかならない。このタグは、わたしたちのルーツを考えるときにも役にたつ。

第1章で見たとおり、「三代目」には、父方と母方、それぞれの祖父母、少なくとも四つの「始まり」がありうる。その複数性は、「二代目」として自分を見る際の、少なくとも二つの「始まり」よりも広がりをもつ。[2]

かといって、「四代目」としての自分を見ると、その隔たりの意識（距離感）によって、かえって、つながりは弱くなる。曾祖母や曾祖父との濃厚な思い出を持っている人は、とりわけ初産年齢の高くなっている近代以降であればなおさらかぎられる。たとえ初産年齢が低かった江戸期まであっても、今度は、平均寿命が短いため、三代前の親族と重なる時間を生きていた可能性は低い。わたしも、祖父母とは異なる職業に就いているし、また、同世代の親族を見ても、「家」を継いでいる人間はひとりもいない。

格差社会の「三代目」

あるいは、二〇年ほど前から日本社会について指摘される「不平等社会」もしくは「格差社会」をめぐる議論についても同じことが言えるだろう。

社会学者の佐藤俊樹は、世代間による職種の変化は少なくなり、階層間の格差を生んでいる、と論じた（佐藤 2000）。あるいは、経済学者の橘木俊詔は、日本の潜在的な失業率の高さを示した上で、所得格差の広がりを指摘した（橘木 2016）。佐藤や橘木の議論について、たとえば経済学者の大竹文雄をはじめとして、特に若年率の高まりを指摘する声もあり（大竹・小原 2010）、テレビや新聞、雑誌やネットといった、メディア言説の平面では、「日本は格差社会である」という命題は受けいれられている。

本書で、なんどか使った「あてどのなさ」という点は、この状況にあてはまる。

格差社会をめぐる言説では、「生まれか育ちか」という議論がなされる。成人以降の所得の格差の原因をさぐろうとする。生まれによって、将来の所得が左右されるのではないか。すると育ち、つまり、教育や生育環境の効果がみられないのではないか。こうした議論がなされる。[3]

これとともに、序章で述べたように、「世襲か、たたきあげか」という論点もみられる。ある職業に対する適正は、どちらなのか、という論点である。

「生まれ／育ち」と、「世襲／たたきあげ」、その二つの比較がある。前者は「能力」を、後者は「適正」を、それぞれもとにしている。しかし、この二つは、しばしば入り混じっているのではないか。だからこそ、「日本は格差社会である」という命題は受けいれられているのではないか。

物理的な建物としての「家」も、見えない「家柄」もどちらも継ぐのではない。世代ごとに最適化した、最も所得が多く、社会的地位も高いような職業へと二代目、「三代目」は転じていく。こうした戦略的な職業選択、もしくは戦略的な脱「家」行動によって、一円でも多くオカネを得ようとする。その意味でも、みずからのルーツの beginnings としてとらえられる最適な距離感こそ「三代目」にあてはまる。

では、この距離感を日本社会のなかで考えると、どのような特質がみられるのだろうか。そのヒントとなるのは『文明としてのイエ社会』である。

3 「イエ社会」のはじまりとしての「三代目」

サイード『始まりの現象』刊行の一九七五年から始まった共同研究の成果として、『文明としてのイエ社会』は、一九七九年に出版される。当時、東京大学教養学部で教鞭をとっていた、村上泰亮、公文俊平、佐藤誠三郎という三人の社会科学者によって書かれた。索引を合わせると六〇〇ページを超える大著でありながら、当時の話題をさらったとされる。[4]
けれども、社会学者の濱口恵俊は、一九九二年に、次のように書いている。

野心的な本書が刊行されたのは昭和五四年であるが、それから早くも一二年の年月が過ぎた。しかし日本の社会科学の水準を一挙に引き上げた、金字塔ともいうべきこの著作についての本格的な書評は、日本ではまだ出ていない。それは、同書の値打ちが否定されたからではなくて、書評するということ自体が、同書を書く以上に格段と難しいからである。（濱口 1992: 175）

事実、濱口の言う通り、同書をめぐって正面から検討した著作は、ほとんど見られない。[5] 言及されたとしても、日本文化論の枠内「近代化には欧米型の「近代的個人」の誕生が不可欠という議論に対し、「ある種の集団主義は産業化に十分適合する」と主張したことが斬新だった」との整理にとどまる。

「ウジ社会」と「イエ社会」、そして「ムラ」

同書では、「日本史を社会変動の二つの大きな波動(サイクル)からなるものと理解することを、仮説として提案」（村上ほか 1979: 182）する。その二つのサイクルとは、「氏族（クラン）型（とりわけ成層クラン型）発展の日本版」、すなわち「ウジ社会」と、「日本独特の集団としての「イエ」を核主体とするもの」、すなわち「イエ社会」である。

前者では、血縁原則のみが働く段階から、成層化＝stratification、いわば、階層化を生じているとする。たとえば年齢による位階＝地位の違いである。他方で、あくまでも血縁＝血の繋がりを原則としている。

後者、「イエ社会」とは、「古くはイヘ」、ヘッツイ（竈〔カマド〕）を中心においた住居を指している（村上ほか 1979: 211）。英語では house やドイツ語の Haus に近く、「単なる住居ではなく、生活を共同に行う経営体を意味する」。だから、family とは異なるし、明治期以降の「家」という概念とも異なる。血縁のみに依存するのではなく、逆に、頻繁に養子を組みいれる。「血縁なき血縁原則」を特徴としている。

同書は、この「二つの大きな波動」が、一一世紀から一七世紀ごろにかけて重複しつつ、江戸期以降は、「大イエ」連合国家が成立した、と位置づける。この「大イエ」とは、イエに倣い拡大し、すなわち、ひとつの大きなイエ（原イエ）を中心にして、その他の原イエが家臣となって従う形で成立する。そして、明治期の産業化のインパクトは、この「大イエ」をこわし、集権性の強い統一国家（近代国家）をかたちづくる。「イエ社会の近代化」である。

ここに、第二次世界大戦における敗戦と、米軍による占領が「日本歴史上かってない型の衝撃」（村上ほか 1979: 465）を与える。この衝撃によって、「戦後日本社会は、イエ型集団を基本単位とし、それらの形成する一揆的ないしムラ的結合を中間単位としたムラ型の（半）国家」（村上ほか 1979: 475）となっている。

ここで言われている「ムラ」とは、「専制をきらう一致型であり、具体的には有力者による連合体制である」（村上ほか 1979: 468）。そこでの成員は、身分としては平等であり、独立さえしている。

たとえば、「原子力ムラ」という表現があるように（開沼 2011）、「イエ型集団」のような系譜性や階統性はない。系譜（血縁原則）も、階統（役割や身分の違い）もない。「ムラ」には、「ウジ型社会」のような血縁も、「イエ型集団」のような「血縁なき血縁原則」のどちらもない。無原則かつ、つながりのない人たちの集まりを「ムラ」という。

明治期の「家」を、同書は、「集権化された明治国家機構のための役割従事者の供給源となる外化体的下位主体」（村上ほか 1979: 462）と定める。これは、「ヨーロッパ的な個人主義的財産権・家族制度との混淆体」であるために、戸主（家長）が大きな権限と責任を持ち、継続を目指して、一人相続主義を採っている。明治民法の「家」とは、系譜性と階統性を持っており、その点で「イエ」原則に連なる。

他方、「家」は、「イエ」よりも自由だった。より大きな「イエ」に属する必要もなければ、さらには、財産や職業、居住地についても、江戸期とは比べものにならないほど、たやすく変えられた。よって、「日本歴史上かつてない型の衝撃」のもたらした変化とは、つぎの現象をもたらす。

「家」の解体は、多くの日本人にとって最も身近な帰属の対象としてあった間柄を奪い去ってしまった。人々は、家長・妻・母・嫡子等々の座を追われてしまったのである。つまり、「家」から解放ないし追放されて、さしあたっては個々の「間人」として、いわばアトム化させられてしまったことになる。しかしアトム化された「間人」とは、群衆化した「個人」と等

しく、ほとんど病理的現象である。（村上ほか 1979: 476）

ここで言われている「間人」（かんじん）とは、社会学者濱口恵俊の唱える「間人主義」、すなわち、集団における「間柄」＝関係の中で自己を対象化した人間存在を指している（濱口 1992: 178）。個人としての主体はなく、人と人との関係の中＝間でのみしか、自らを位置づけられない。『ヨハネ伝福音書』冒頭をもじった同書の表現で言えば、「はじめに人々ありき。人々は間柄と共にありき。人々は人間なりき」（村上ほか 1979: 215）という状況にほかならない。この「間人」こそ「ムラ」を成り立たせる。

「イエ社会」の「三代目」、「ムラ」の「三代目」

本書の問題意識に照らしてみよう。

「三代目」は、古代の血縁のみでつながる「ウジ社会」、そして、「血縁なき血縁原則」＝頻繁な養子縁組によって続く「イエ社会」、その二つの社会のつながるところにあるのではないか、と先に述べた。

「三代目」をとらえる視点は、血の繋がりを優先する「ウジ社会」でもありうるし、逆に、「イエ」を続けようとする戦略的な原則を持つ「イエ社会」にもありうる。その二つの社会のまじわるところに「三代目」が位置しているのではないか。これが本書の仮説である。

村上泰亮の述べるように、「新中間大衆」、すなわち、「所得水準の比較的平等な形での上昇、それによる均質化を伴った生活水準の上昇、生活様式における階層格差の後退、生活意識面での「中流化」意識の拡大」(村上ほか 1979: 483)といった現象を、一九七九年の時点ですでに確かめられる。しかも先に触れたように、二〇〇〇年ごろから、日本社会を「不平等社会」や「格差社会」と呼ぶ傾向は強くなっている。とすれば、もはや、「ウジ社会」でも「イエ社会」でもないことはもちろん、「ムラ型の(半)国家」ですらない。新しい段階に至っていると考えなければならない。

ここに、タグとしての「三代目」をとりあげる意味を見いだせよう。

「三代目」という視点は、血の繋がりを重視する「ウジ社会」の残滓としてもとらえられるし、「血縁なき血縁原則」としての「イエ社会」の兆候としても見ることができる。さらには、「間人」によって無原則に成り立っている「ムラ」における新しい流れとしても受け取ることもできる。それゆえに、「三代目」をこうしたさまざまな論点のまじわるところに置ける。

いまの日本社会を「ウジ社会」とするのであれば、わたしは、血縁にもとづいて、医者になっていた可能性は高い。あるいは、「イエ社会」とするのなら、「鈴木家」や「小松家」という「イエ」は、「血縁なき血縁原則」によって続いていたかもしれない。にもかかわらず、そのどちらでもなく、「アトム化された「間人」」として、この「ムラ」に生きている。

他方でわたしは、祖父の建てた家に住んでいる。この点で「ウジ社会」の面を引き継いでいるし、また、弟が医者になっている点で「イエ社会」の側面も指摘できるだろう。しかし、「ムラ」と呼ばれるコミュニティには、どこにも属していないともいえる。

beginningsとしての「三代目」は、日本社会に当てはめてみると、「ウジ社会」「イエ社会」「ムラ」という三つの段階、それぞれの特徴を持っている。これが本章で得られる補助線である。この補助線は、組織としての「家」という観点に広げられるだろう。

4 組織としての「家」

社会学者の佐藤俊樹は、『近代・組織・資本主義――日本と西欧における近代の地平』（佐藤 1993）において、「イエ」ではなく、家と「家」、この二種類の表記によって、日本における組織を論じている。

「家は血縁的関係にある人間を主な構成員にするもの、「家」は血縁的関係にない人間を主な構成員にするもの」（佐藤 1993: 77）と区別している。「ウジ」と「イエ」という分け方よりも、もっと単純に区分けしている。同書の狙いが、組織としての家の解剖にあり、「日本はその固有の社会編成においては、組織と個人を原理的には分離しなかった」（佐藤 1993: 70）仕組みの解析にあるからである。

そして、企業＝経営体においても「家」性を消去できない（佐藤 1993: 214）と指摘する。本書の次章以降でみるように、日本社会における企業（経営体）は、どれほど近代的、つまり、血縁よりも実力に基づく原理を採用していたとしても、そこには、「心情反射作用が発動されうる関係があって、はじめて共通利害が保証される」（佐藤 1993: 214）メカニズムから離れられない。

本章で『文明としてのイエ社会』を参照しながら述べたように、日本社会には「間人」しかいない。そう言われてきた。これに対して佐藤は、日本近代社会の発見した「個人」とは、「西欧近代的な「内面」ではなく、自らをも破壊しかねないような欲望や感情だけをその内部から無限に発生させる」（佐藤 1993: 229）ものであるとして、個人と組織の関係をつぎのように位置づける。

> 個人の欲望充足の合理性と組織の合理性は原理的には分離されない。心情反射作用は他人の欲望をみたす欲望として、個人の欲望の延長上にある。これは他人の欲望・感情を自己の欲望・感情とすることで、欲望の集計装置として働くのである。（佐藤 1993: 215）

佐藤は、こうした構造に乗っている点で、「間人主義」を「きわめて日本的」だとする。「間人」とは、「ルール」や「法」のような西欧的解決可能性の信憑にあたる言葉ではなく、右に引用したような、近代日本の想定する「個人」に基づくからである。「個人」こそ「西欧的」なのだ、と日本的に解釈した上で、その「間」にのみ生きている人間を想定する。この論理構造こそいかにも日本的なのだ、と述べる。

「無邪気な個人主義」

佐藤の取りだすのは、「情念の共同性そのものが信憑性をうしない、「**無邪気な個人主義**」とでもいうべき意識がうまれた」（佐藤 1993: 301、強調は引用者による）点である。それは、つぎのような傾向としてあらわれる。

> 組織体内にとどまった人間は「いざとなれば出ていく」という選択肢を確保しつづけ、その分、組織の利害への同調傾向が弱まる。「間人主義」に一定の留保がつくわけである。他方、ほうり出された側も絶望的な救済願望にまでは追いつめられない。さらに心情の政治学へのドライブが弱まれば、それに応じて「私」主義も反社会性を弱めていく。（佐藤 1993: 301）

ここでの「心情の政治学」とは、日本社会における個人と組織の関係であり、「個人の欲望の自由を前提にしつつ、欲望に内在する別の社会性の回路によって社会を構成するという論理」（佐藤 1993: 237）である。

「無邪気」と呼んでいるのは、もはや「個人の欲望」が強くはあらわれず、場当たり的な感情によって、単なる一時の気の迷いや、わがままとして処理されるからである。「組織としての「家」」に、明治民法における「家」のような強い力はない代わりに、かたや個人の側も、そこからどうしても抜け出したいとは思わない。家の縛りが弱くなるとともに、家に対する個人の欲望もまろやかになる。
わたしたちは、こうした「無邪気な個人主義」の社会を生きており、だからこそ、自分たちのルーツに、誇りと後ろめたさと息苦しさと、その反面の自由さ、といった、もろもろの感情の入り混じった思いを抱くのではないか。この「無邪気な個人主義」こそ、本書の言う「三代目」をめぐる恣意性にほかならない。

いくつもの「始まり」としての「三代目」は、「ウジ社会」「イエ社会」「ムラ」の結節点にある。であるがゆえに、「無邪気な個人主義」の発露する地点としても、わたしたちの前にあらわれる。「三代目」というタグは、この「小文字で複数の始まり(beginnings)」という観点において、革新、刷新、独自性、革命、変化、慣習、伝統、区切り、権威、影響といった、さまざまな要素を持つ「出発点」にほかならない。こうした要素こそ、近代日本の特徴である「あてどのなさ」である。

わたしにとって「三代目」とは、財産としての家や、家柄といった有利な要素としてあらわれる。みずからのルーツを縛る、もしくは「格差社会」の中で後ろめたさをみちびく軛(くびき)でもある。あるいは、「イエ社会」でもなく「無邪気な個人主義」を憂いなく発揮できる後ろ盾でもある。

そこで、「三代目」を、こうした視点から、どこまでとらえられうるのかという点について、わたしを超えた事例に照らして考えてみたい。

補章1

世代論としての「三代目」

1 「三代目」と「世代論」

「三代目」を考える上で「世代論」は補助線になる。ここでの主張は単純である。

いま、「世代論」は見えにくい。ごちゃごちゃしている。「世代論は有効だ」とする立場もあれば、「世代論は無効だ」とする立場もあり、さらには、「世代論は場合によっては有効だ」とする立場もある。「世代論」を語ろうとすると、たちまち、「世代論」そのものをめぐるメタ的な議論が出てくる。この状況を、ここでは「三代目」を読みとくための補助線として示したい。

たとえば、「ゆとり世代」と言うのか言わないのか。「ジェネレーションX」「ミレニアル世代」「ロスジェネ」という言い方があるのかないのか。何かを世代によってわけられるのか、分けられないのか。それすら意見がわかれる。団塊の世代、戦後派、戦中派、大正生まれ、明治生まれ……と、それこそ「昭和」までは、ひんぱんに語られていた世代論は、どこまで有効だったのだろうか。

世代論とは、もとより、後続世代が先行世代に対して、「お前たちはもう古い、これからはオレたちの時代だ」というマウンティングによって打ちだされてきたのではないか。その舞台こそ「論壇」という空間だったのではないか。

「三代目」という観点で言えば、「明治、大正、昭和」という元号によって世代を分けられるのではないか。もしくは「昭和、平成、令和」という元号によって世代を分けられるのではないか。こういう議論へと傾きやすい。

だからこそ、ここでは、世代論の錯綜ぶりをデータによって明らかにするというよりも、若者論の動向に基づいて述べたい。「世代論」は、世代についての語り方を指すだけではない。ある特定の世代をくくる、そのくくり方も含む。さらに、特定の世代をくくることによって、なんらかのイメージが呼び起こされる。ここでは、この三点、つまり、世代についての語り方、くくり方、そのイメージのすべてを含むものとして「世代論」と書こう。

2　世代論のイメージ

二〇二〇年に亡くなった評論家の坪内祐三は、『昭和の子どもだ君たちも』の冒頭で次のように述べている。

世代論を語りたい。

と言うと、そんなものはくだらない、世代論なんて無意味だ、と言葉を返す人もいるかもしれない。

実際、私の同世代の人間で、そのような言葉を口にする人もいる。だからこそ私は今、世代論を語って行きたいのだ。（坪内 2014: 9）

同書は、データよりもサブカルチャーに基づいて、自分を「昭和の子ども」と位置づけたうえで、世代論を語っている。坪内は、昭和三三（一九五八）年生まれだが、その父親は大正九（一九二〇）年生まれ、三八歳の時の子どもであり、「当時にあって、これは、かなり遅い年の子供だった」（坪内 2014: 11）と述べる。

坪内の同級生の父親たちは、昭和ヒトケタ、特に、昭和五、六年生まれだったとして、その年代に、昭和六年八月生まれの文化人類学者の山口昌男（二〇一三年に八一歳で死去）をあげる。同書のもとになった連載当時（二〇一一年）の首相・菅直人（一九四六―）をはじめとする「団塊の世代」（昭和二二年から昭和二四年生まれ）、そして、同年に休刊の決まった雑誌『ぴあ』を支持した「シラケ世代」（昭和三〇年代生まれ）へと話を転じていく。「昭和ひとケタ」、「団塊の世代」、そして「シラケ世代」といった世代論は、年代とそれに対応する特徴がわかりやすい。

たとえば「昭和ヒトケタ」の最も有名な人物は、いまの上皇明仁（昭和八（一九三三）年一二月二三日生まれ）であり、多感な思春期に戦争に突入したがゆえに、戦後は平和主義者となった、という説明がなされるだろう。映画監督の山田洋次（昭和六（一九三一）年九月一三日生まれ）や、本書でも後に取り上げる作家の小田実（昭和七（一九三二）年六月二日生まれ）といった、いわば「左翼」的な文化人を思い浮かべればイメージできるだろう。

とはいえ、政治家・作家の石原慎太郎（昭和七年九月三〇日生まれ）がいる。ほかにも、歴史学者の伊藤隆（同年一〇月一六日生まれ）、比較文学者の芳賀徹（昭和六年五月九日生まれ）など、日本の歴史を肯定的に見直そうとした一九九〇年代中盤以降の動きである「新しい歴史教科書」作成に携わった、いわば「右翼」的な文化人もいるため、一枚岩ではいかない。

しかしながら、「左翼」であれ「右翼」であれ、彼らや彼女たちは戦争に対して、さまざまな思いを抱えていた。ある人は、戦争への強い「反省」に基づいて平和主義を主張する。また別のあるものは、逆に、戦争への強い「後悔」に基づいて国家の強化を唱える。

団塊の世代であれば、仮にその「実像」がどうであれ、学生運動、モーレツ社員、暑苦しいなどと、それなりに語ることはできるだろう。バブル世代についても、いまでは会社のお荷物だ（と思っているのは筆者だけかもしれないが）とか、派手に遊んでいたとする寸評が出てくるかもしれない。

どちらも、「〇〇世代」に伴うイメージを多くの人びとが共有できた。ただし、いまも本当にそれを共有できているのだろうか？　今でも「世代論」は有効なのだろうか？

3　「ゆきどけ荘」に見る「世代論」の有効性／無効性

世代論の有効性を問う。そのためには、有効性をどのように測るのかについて確かめなければならない。その計測のうち、最もわかりやすいのは世代論の政策への反映だろう。世代を分ける営みが、抽象的なイメージにとどまらず、何らかの政策にあらわれているか否か。

この点においてわたし自身に関係するのが「就職氷河期世代」というくだりである。このくだりには、どのような有効性があるのか。そもそもこれは、どんな世代なのか。

日本政府が二〇一九年六月二一日に閣議決定した「経済財政運営と改革の基本方針２０１９」、いわゆる「骨太の方針」には、「就職氷河期世代支援プログラム」という項目が設けられ、冒頭に「基本認識」としてつぎのように記されている。

いわゆる就職氷河期世代は、現在、三〇代半ばから四〇代半ばに至っているが、雇用環境が厳しい時期に就職活動を行った世代であり、その中には、希望する就職ができず、新卒一括採用をはじめとした流動性に乏しい雇用慣行が続いてきたこともあり、現在も、不本意ながら不安定な仕事に就いている、無業の状態にあるなど、様々な課題に直面している者がいる。

この引用部にあるように「不本意ながら不安定な仕事に就いている」者の数は、総務省統計局の「労働力調査」によれば五〇万人に達する。ほかにも長期無業者などを含めた支援対象者は一〇〇万人を見込み、三年間でそのうち三〇万人を正規雇用者とする目標を掲げている。その目標を達成するための政策のひとつが、「就職氷河期世代への、支援ポータルサイト　ゆきどけ荘」である。

「ゆきどけ荘」とは何か

「ゆきどけ荘」という時代設定の明らかではないアパートの住人たちが、大家に悩みを相談する。その過程を動画や会話調のやりとりに仕立て、厚生労働省による求職者支援制度や、人事院による国家公務員中途採用情報など、すでにあるサイトへのリンクを張っている。

ただそれだけである。

「就職氷河期世代支援プログラム」のポータルサイトであるはずの「ゆきどけ荘」には、少なくともそのメインとなる「住人さんのストーリー」には斬新な政策はまったく見られない。ポータルサイトと呼ぶなら「住人さんのストーリー」などという、まどろっこしい導入を省いて、目的別・状況別に機械的に誘導するほうがはるかに親切ではないか。

二〇二〇年七月二八日の開設直後から、ネット上で批判にさらされただけに、ご存知の読者も多いだろう。わたしもまたその批判を目にしたというバイアスはあるものの、それでもページを見た途端、絶句するほかなかった。

『cocoon』などで知られる漫画家の今日マチ子によるイラストとキャラクターは、いっけんするとやさしそうな雰囲気を醸しだしている。たしかに、「不本意ながら不安定な仕事に就いている」者の多い、それも五〇万人もいる世代だけに、こうしたふんわりとした空気づくりは重要かもしれない。トップページを、文字ではなくバナーやイラストを中心に組みたてており、一ページを下までスクロールするランディングページという流行りの形式を使っている。このあたりも、労働行政を司る厚生労働省ではなく、政府全体であたらしいイメージを打ちだそうとする意図のあらわれだろう。まさにこの意図にこそ、この「ゆきどけ荘」が大きな反発を呼んだ原因といまの世代論の抱える困難がある。

どういうことか。

先に引用した「骨太の方針」の文章は、官僚作文らしいとも言える悪文であり、読みづらい。主語の「いわゆる就職氷河期世代は」に対応する述語を見つけにくい。その述語は、「様々な課題に直面している者がいる」である。つまり、「就職氷河期世代は課題にぶちあたっている」。それだけを言っている。にもかかわらず、その課題を引き起こしたのは、「雇用環境が厳しい時期」「新卒一括採用をはじめとした流動性に乏しい雇用慣行が続いてきたこと」である。日本的雇用慣行という、いわば「伝統」のせいだと述べる。

雇用環境の厳しさへの対応を怠った。そのことへの反省でもなければ、雇用慣行を変えなかったことへの懺悔でもない。「そうだったから仕方がなかった」と言いたいのだろうか。雇用環境を改善する政策をどれほど打ち出したのか。雇用慣行をあらためる施策をどれだけ試みたのか。そうした振りかえりは、いっさいない。自己責任、自業自得とまでは言っていないものの、政府の責任については言及していない。

もちろん世代によって政治や経済の状況は違うから、すべてを政府のせいにするわけにはいかない。けれども、「骨太の方針」の前半部に位置づける政策のウェブサイトを作るのであれば、「ゆきどけ荘」というネーミングはズレている。

就職氷河期世代の「氷河」を「ゆき」とした上で、それを溶かしたいのなら、まず、なぜその世代が生まれたのか、原因を特定しなければならないのではないか。くわえて、「ゆきどけ」という表現からは、「ゆき」を「溶かす」意欲は見えない太陽や季節の変化によって、つまりは摂理によって自然と溶けていく、受け身の姿勢があらわになっている。政策のパッケージを駆使して「ゆき」を「溶かそう」と努力するのではない。いつのまにか、知らないうちに溶けている状態が「ゆきどけ」ではないか。

この姿勢を裏書きするかのように、「ゆきどけ荘」のトップページにはつぎのような文章が掲げられている。

新しい仕事を探している人。
正社員になりたいけど、うまくいかない人。
ひきこもって悩んでいる人。
就職氷河期世代が抱える問題は、みんなの問題だと思うから。
あなたが動きだすきっかけを、一緒になって見つけたい。

「みんなの問題」であって、特定の主体も主語もない。いつのまにか、なんとなく「問題」を抱えた世代としての就職氷河期世代を、どうにかしないといけない……らしい。そんな雰囲気に乗って、この「ゆきどけ荘」は作られた。

ここに、ウェブサイトの意図、それに対する反発、そして世代論の困難、この三つがあらわれている。政府は「就職氷河期世代」について責任をとりたくない。しかし、何かあたらしいイメージを醸しだしたい。そこで、「ゆきどけ」というあいまいなイメージに頼る。ここに反発が生まれる。あいまいなだけで、本気ではないのではないか、という反発である。この不幸な対立こそ、世代論の困難である。

では、当事者からの異議申し立てはなかったのか。

いや、もちろんあった、と言いたいのだが、しかし、そうとも断言できない事例として、赤木智弘というひとりのフリーターの掲げた「希望は戦争」という文章をヒントに、「世代論」の困難を確かめたい。

4　二〇〇六年の丸山眞男

赤木智弘の私憤

一九七五年生まれの赤木智弘は、朝日新聞社発行の月刊誌『論座』二〇〇七年一月号に「「丸山眞男」をひっぱたきたい――三一歳、フリーター。希望は戦争」で華々しく言論界に打ってでる。一九九五年のオウム真理教をめぐる報道への疑義から、「ただネット上に左派的な心情を書きつらね、ストレスを解消し、社会参加意欲を満足させる」(赤木 2011: 135) 二〇代を過ごした赤木は、「書く」ことを仕事とし経済的に自立しようと願う「あいまいな夢」を抱き、不本意ながら実家暮らしをしていた栃木から東京大学のジャーナリスト養成コースへ通う。

彼は、一〇年間信じても幸せにしてくれなかった左派の論理に見切りをつけ、「自分のためになる考え方」を徹底させようと試みる。ブログを書き進めているところに、愛読者を名乗る『論座』の編集者からメールが届き、その半年後にめでたくデビューを飾る。

赤木の主張は、きわめて素朴である。「自分はフリーターのまま給料は上がる見込みはなく、逆転できるチャンスは、戦争ぐらいしかない。それほどまでに、世代間格差は理不尽に固定している」という主張である。

家族も資産も学歴も資格もない。そう赤木はみずからを位置づける。「社会に出た時期が人間の序列を決める擬似デモクラティックな社会の中で、一方的にイジメ抜かれる私たちにとっての戦争とは、現状をひっくり返して、「丸山眞男」の横っ面をひっぱたける立場にたてるかもしれないという、まさに希望の光なのだ」(赤木 2007 → 2011: 224) と強弁し、「世代間戦争」を導入する。正規雇用のレールから外れた人間にまったく挽回のチャンスがない。体制の固定化された状況について批判する。そうした状況を自己責任だ、と片付ける風潮に、強烈な拒否反応を示した。

ここで言う「丸山眞男」とは、大正三（一九一四）年三月二二日に生まれ、平成八（一九九六）年八月一五日に八二歳で没した思想家、あの「丸山眞男」のことである。

なぜ、赤木のように「持たざる者」が「丸山眞男」をひっぱたきたいのだろうか？　その「横っ面をひっぱたける立場にたてる」ことに、何の希望があるのだろうか？

二〇二〇年現在でも、ブログやウェブメディアに文章を書いている赤木は、「「丸山眞男」の横っ面をひっぱたける立場にたてる」ことを、心の底から望んでいたわけではないだろう。「希望は戦争」だと述べているし、またその戦争になんら具体的な中身がない以上、あくまでもブラフとして、読む人の心をザワつかせるためだけに持ち出したにすぎないだろう。

それよりも、赤木の本心というか動機は、文章を書く立場にたてること、すなわち、いわゆる「論壇」という空間に名前を刻むことだったのではないだろうか。

「論壇」とは、大学などに籍を置く研究者だけではなく、評論家たちが議論を交わす、バーチャルな空間と言える。はっきりした場所は、どこにもない。新聞記者、編集者をふくめた関係者による想像の共同体と言えよう。

赤木は、この「論壇」という空間に名前を残そうとした。彼が「デビュー」したのは朝日新聞の発行していた論壇誌「論座」だったし、今もなお彼が定期的に執筆しているのは、ウェブに舞台を移したその「論座」である。

しかも、赤木が当該の文章を書いた二〇〇六年は、すでに丸山眞男がこの世を去って一〇年以上が過ぎており、「論壇」で活躍していた頃からかなりの時間がすぎている。丸山と同じ東京大学で、同じく日本政治思想史を担当する苅部直による『丸山眞男』（苅部 2006）が岩波新書から発行されたのは同年の五月である。丸山は歴史に刻まれる存在となっていた。その二〇〇六年に、わざわざ「丸山眞男」を持ち出したのは、赤木が「論壇」と呼ばれる空間からの反発を意図していたからだろう。反発は、赤木の予想通りだったと言える。

赤木の議論は、「論壇」の中では大きな話題となる。「昭和」世代を代表する（実際は「大正」生まれだが）吉本隆明や鶴見俊輔をはじめとした多くの知識人が反応する。多くは、否定であったり困惑でありと、決して芳しいものではなかったが、耳目を集める意味では、赤木の戦略は成功した。ただ、赤木の文章は、「私小説」（東 2008: 188）であり、「『肉体』の切実さ」（高橋 2007: 110）であり、つまりは、彼の私憤であった。

「年収三〇〇万円程度の世帯の人たちと「入れ替わり」たい」（赤木 2007: 145）あるいは、「私に三〇〇万円を貸してください。（…）そうすれば、『赤木智弘の「希望は戦争」』は、めでたく『完』となります」（赤木 2011: 303）と赤木は断言する。なぜなら、「論争そのものには、あまり意味がない。（…）私のような貧困労働層には、そもそも論争をするような金銭的余裕がない」（赤木 2011: 300）からである。

赤木は、その後、雇用について「非正規の問題はあれから何ひとつ変わっていない」、「「希望は戦争」は理想論にすぎなかったともいえます」（赤木・雨宮 2014: 28-29）とあきらめる発言をする。さらに、「希望は結婚」（赤木 2014）と訴えるもの、「論壇」へのデビュー当初からいまもブログやTwitter に膨大なことばを紡ぎ続けている。

もし、赤木が結婚や年収といった現実的なプライベートの問題で「めでたく「完」」となるのであれば、あるいは、「論争をするような金銭的余裕がない」ならば、いまもなお延々とネット上に私憤を綴ってはいないのではないか。「フリーターの苦痛には社会的承認も支援者もない」と嘆き、私憤に対して同情や共感を得ようとるす。だからこそ、自分の主張だけではなく、「世代論」や「若者論」の仕組み全体を含めた世の中のさまざまなことがらへと言及し、みずからの立場の客観性を維持せずにはいられないのではないか。

客観性を維持しようとする。このいじましいまでの努力は、赤木よりも九歳年下の後藤和智という若者論者にも共通している。

5 「若者を語るな！」という「若者」

二〇〇〇年、愛知県豊川市の主婦殺害事件と西鉄バスジャック事件という、いずれも一七歳の少年による殺人事件が矢継ぎ早に起きた当時、被疑者と同年齢だった後藤和智は、「真剣に十七歳になることを拒絶し、十七歳になる前に死にたいと考えることもあった」（後藤 2006a: 221）と振りかえる。恐れのなかで、マスコミの「語り口」に疑念を抱いた後藤は、若者をめぐる報道を検証する文章を生徒会誌や雑誌・新聞に投稿するようになる。二〇〇四年一一月に開設したブログをきっかけに、東北大学工学部建築学科在学中の二〇〇六年、教育社会学者・本田由紀と内藤朝雄の共著により「論壇」へのデビューを果たす。

後藤の論旨も、明快かつシンプルである。それは、「「世代論」を止め、統計的なエビデンスに基づいて論じろ」というテーゼである。

青少年についての議論が、「若年層に対する「年齢差別」とでも言うべき蔑視の視線を伴い始めており、またその論理も巧妙化してきている」（後藤 2006b: 320）。少年法・教育基本法の両法の改正をはじめとした「自己責任」原則に基づく「通俗的な若者バッシングが、政治との結びつきを強めている」（後藤 2008a: 53）。こうした懸念に基づき、後藤はそれらを「俗流若者論」と名づけ、宮台真司や東浩紀といった高名な論者たちを切っていく。

後藤は、執筆動機について、「基本的にエセ科学批判であって、確かに最初のきっかけは当事者的なものかもしれませんが、別に当事者の叫びとしてやっているわけではないんです。ただ単に間違った前提で物事が語られるのが良くないというものすごく単純な理由でやっている」（杉田・増山・後藤 2009: 134）と述べる。

著書タイトルのように『おまえが若者を語るな！』と叫んでいるからといって、彼はみずからを若者の代弁者や当事者として位置づけているわけではない。それどころか、「私は若者を語れません！（笑）実証性がありませんから」（速水・後藤 2009: 128）と強く自制する。その議論は、赤木とは正反対に自らの境遇や主張とは完全に無関係であり、義憤である。

東北大学大学院博士課程前期を修了した現在も、同人サークルの代表として、「俗流若者論」者たちの著作にあらわれる特徴的な語彙を抽出・分析するテキストマイニングや、統計学入門をはじめとした多数の著作を電子書籍や同人誌即売会などで販売し活動をつづけている。[1] 分析の手法という「武器」を提示する「武器屋」（後藤 2008a: 45）と自己定義する後藤にとっては、現在のように、義憤に基づいた啓蒙的な立ち位置こそ理想なのだろう。一般書や「論壇」といった旧来の手段に頼らなくても、あるいは、そうした旧式のメディアや舞台が、「間違った前提で物事が語られる」場だと唾棄している結果なのかもしれない。

後藤のこだわるエビデンスという観点に照らせば、自己責任を重視する「俗流若者論」が政策決定に影響を及ぼしているのは、民意をエビデンスにした民主主義の結実ではないのだろうか。この陥穽に自覚的だからこそ、後藤は「若者論」や「世代論」全体を「やや俯瞰的な立場から、統計などを使って撃っていく役割」とわざわざ自称する。あくまでも、「自分の弱点は自分が一番よくわかっている」とでもうそぶくかのように義憤を死守する。こうした後藤の議論は、たとえ彼自身がその弱点を自覚していたとしても、いや、自覚すればするほど、袋小路に入りかねない。後藤は、「俗流若者論」として「若者論」も「世代論」も退けていく以上、「当事者からの異議申し立て」としては受けいれられない。

しかし、やや面倒なことに、この「当事者からの異議申し立て」として「若者論」を拒絶する、という振る舞いそのものが、「メタ世代論」として、つまり「世代論「ではない」世代論」として受けいれられたのではないか。

そして、この「メタ世代論」は、「世代論」の成れの果てというか、リミットなのではないか。

6 「メタ世代論」と「論壇」の崩壊

赤木と後藤の新しさ

赤木と後藤の新しさは、当事者が声をあげて年長世代に反駁したところだけではない。自分たちの当事者性を相対化しつつ論駁するメタ的な視点にあった。

虐げられている若者の立場でありながら、同時に、自分たちが語られている。その語り方（若者論＝世代論）を、もうひとつ高いところから見つめ直す。その「メタ世代論」が目新しかった。「世代論」そのものに強い疑いの眼差しを向け、みずからを「若者をおとしめている政財界や言論人を、やや俯瞰的な立場から、統計などを使って撃っていく役割」（後藤 2008a: 45）とする後藤はもちろんのこと、赤木もまた、「私が一番不幸に思うのは、三五歳にもなり、こうして若者論を話していること。私はおっさんになりたい」（赤木 2010: 38）と語り、自分から土俵を降りようとした。

そして両者は、それぞれ、自己責任を原則とする空気への私憤と義憤という、一見正反対の激情に突き動かされている。

当事者として若者世代を代表するスタンスは、後藤も赤木もとっていない。そうした態度とは、おのおのが逆の方向へ進んできた赤木は徹底して個人の感情や境遇の承認を求め、後藤はしつこく「科学的な正当性や社会政策への有効性を重視する」(後藤 2013: 238)。私憤と義憤は、より一層、それぞれの純度を高めている。いっぽうで、赤木は二〇一一年、後藤も二〇一三年を最後に、単著を出版していないし、「論壇」雑誌への登場も二〇一四年以降見られず、二人の活躍を目にする機会は大幅に減っている。

他方で、後藤は書籍の自費出版へ活躍の場を見いだし、赤木はウェブサイトやツイッターに多くの投稿を続けている。[2] いまも続く彼らの「言論活動」は、旧来の「論壇」とは別の場所で、また、若者という「当事者」ではなく、それなりの読者や支持者を得ているとはいえ、広汎な支持というよりは局域化していると言わねばなるまい。

朝日新聞社が主催する大佛次郎論壇賞は、二〇〇八年に湯浅誠『反貧困』、二〇一三年には今野晴貴『ブラック企業』にそれぞれ送られた。「論壇」において若者という当事者を代弁する議論は、具体的な貧困や労働問題の解決へと焦点が絞られつつあった。小泉改革に代表される自己責任の流れと、格差社会が喧伝される中で、当事者や弱者の立場から社会の正義を語ることばが繰りだされていった。

自己責任と政治

もとより自己責任とは、近代に至って家長から独立した個人が自らの行為の責任を自分で負うことを意味し（瀧川 2001）、金融の世界では、商品の価値変動に際して証券会社などの販売側が損失を補填せずに投資した側がリスクを取るように促したものだ（上村 1985）。

けれども、このことばは、二〇〇四年、イラクでの日本人人質事件をきっかけに、戦渦を承知で現地に赴いた以上、災厄に遭ったとしても政府に責任を求めるな、とする被害者バッシングの標語から新語・流行語大賞に選ばれ、二〇〇〇年代以降の世間の空気を象徴しているとも言われる。[3]また、宇野常寛が、「決断主義」への態度から、「平成」仮面ライダーシリーズに代表されるゼロ年代＝二〇〇〇年代の想像力の変遷を追っているように（宇野 2008→2011）、サブカルチャーの分野にもその流行を見いだせるだろう。[4]

最も象徴的な事態としては、二〇〇五年の衆議院選挙をあげられる。その投票前には郵政三事業の民営化が最大の争点となり自民党の内紛がクローズアップされたものの、開票後には、「若年層が、小泉純一郎首相の政治手法を支持したゆえに投票率が上がり自民党は大勝したのだ」とする分析が広まった。[5]すなわち、「ニート」を自己責任で選んだ若者こそ体制を支持したのだとする考察が金子勝のような著名人によって広言され（金子 2005→2006）、同時期に『下流社会』（三浦 2005）が八〇万部のベストセラーとなった。

昭和二二年から二四年までに生まれた約八〇〇万人を指す団塊の世代が六〇歳の定年を迎えつつ

あり、「二〇〇七年問題」労働現場における技能や技術の伝承が困難になると言われ、他方で、この世代をターゲットにした新たなマーケットの開拓や、それに伴う世代内格差の拡大も懸念された。すなわち、自己責任で「ニート」にとどまっている「生きづらい」、そして、「ロスジェネ世代」[6]と呼ばれる「平成」の若者と、リタイアして悠々自適に暮らす「昭和」の団塊世代。こうした二極化が叫ばれる。二〇〇〇年から二〇一〇年ごろまでの雰囲気だった。

「論壇」の「崩壊」

こうした空気のなかで「論壇」は「崩壊」していった。赤木や後藤が活躍の舞台とした朝日新聞発行の雑誌『論座』は、二〇〇八年一〇月号を最後に、また、同誌とライバルと見られていた『諸君!』(文藝春秋)も、翌二〇〇九年五月号をもってそれぞれ休刊した。「論壇」を支えていた(とされる)雑誌は、ほとんど見られなくなり、その後、別の要因によるものとはいえ『新潮45』(新潮社発行)も休刊した。

もちろん、社会学者の毛里裕一の指摘するように、「論壇」が「崩壊」したり、「消失」したりする、その図式は、既に七〇年以上繰り返されている(毛里 2010)以上、この時期に、ことさらに特別な「終焉」が起きたとは言えない。しかし、オピニオン雑誌の相次ぐ休刊は、象徴的な出来事だった。軌を一にして起きたのは、ブログや同人誌といった、出版のプロフェッショナル以外による言論活動であり、前述のように、後藤や赤木もまた、そうした、旧来の活字とは別の場所へと活動の舞台を移していく。

「論壇」とは、従来なら政治や経済や社会の問題を、しばしば上から目線で語っていた場所であり、「世代論」こそ、その空間でさかんに論じられたテーマだった。明治二〇年代（一八八〇年代）、年長世代を天保年間（一八三〇―一八四四年）に生まれた「天保老人」とバカにし、自分たちを（明治の）「青年」と称した徳富蘇峰（一八六三―一九五七）を例に挙げるまでもなく（岡和田 1967）（木村 1998）、若年層が先行世代を攻撃する手法が、もっともよく見られる場所だった。先行世代を批判して名を挙げようとする構え自体が、「論壇」というシステムであり、また、その意味で「若者論」と「世代論」は常にイコールではなかったか（鈴木 2014）。

大手の新聞社や出版社が発行する由緒正しき雑誌をステージにした制度的な「論壇」がほとんど消えてなくなる。それと同じ時期に、言論を紡ぎだす回路は、ネットや同人誌・ミニコミ誌へと散り散りになり、多様になる（富田 2014）。個々のことばは、個性や深さを持たなくなり、それなりに正しいが、先鋭的とは言えない優等生的な議論が繁茂するにいたる。

後藤と赤木が「論壇」に登場し、「メタ世代論」を展開し、そして、局域化、つまり、一部の「ファン」や「信者」にしか支えられないような構造に変わっていった。その栄枯盛衰の理由がここにある、彼らの個人的な資質ではなく構造的な要因がある。

7 世代論の「果て」

「メタ世代論」のはじまり

自己責任を押し付ける空気の中での「生きづらさ」、という赤木や後藤が闘っていた抽象的な敵は消えた。もちろん、日本政府の債務や年金財政について、将来世代と現役世代の格差拡大を重視する論者は多い（島澤・山下 2010）。また、労働状況に詳しい論者は、世代間格差によって若者が雇用システムにおいて割を食っていることをデータと取材に基づいて問題視しているし、城繁幸は、終身雇用・年功序列という「昭和的価値観」に対抗する「平成」の若者、という図式を描いている（城 2010）。しかし、こうした「若者・対・年長世代」という図式は通じなくなりつつある。というか、すでに通じないだろう。

一九九四年の時点で社会学者の宮台真司は、若者の「島宇宙化」を指摘していた（宮台 1994→2006）。見田宗介は、ＮＨＫ放送文化研究所のデータについて、「人びとがその青年期に形成した『世代の意識』は、時代が変わり年齢が変わっても、その生涯の間保持される傾向が強い」上に、「世代によるこの意識の差異は、若い世代の間ほど少なくなっている」（見田 2007: 77-78）と解釈する。見田とは別の観点から、上野千鶴子は、「攻撃のターゲットを団塊世代や年金受給者に向かわせるのは、政府にとって「超お得」な戦略ですよ。だって年金受給額を抑制するための最大の口実になりますから」（上野 2008: 201）と、「世代論」に警鐘を鳴らす。世代をこえた均質性が高まっている。だからこそ微細な差異に敏感になりやすい。その「相対的剥奪」（高坂 2009 → 2014）の結果だと考えれば何ら矛盾していない。

「世代間格差は問題だ」と主張しようがしまいが、いずれも、ある世代のまとまりを単純に示すのではなく、正規雇用／非正規雇用、都市／地方、あるいは所得、既婚／未婚といったさまざまな線分を考慮に入れて論じなければならない（浅野 2012）。後藤と赤木の議論は、二〇〇〇年代以降に「世代論」が錯綜するスタート地点であり、自己言及的な「メタ世代論」の代表例だった。

「三代目」と「メタ世代論」

その理由は、「ネット時代になったから」だけではない。つぎの三つの要素が混ざりあった結果にほかならない。

ひとつは、言論におけるコストの低下、つまりは、検索すれば安易に調べられるようになり、簡単に発信できるようになったからである。後藤と赤木は、ブログという発信ツールを使い、編集者や学者の目に留まった時点では「若者の声」は物珍しく、「論壇」に都合が良かったからである。

ふたつめは、ネットにおける言論の量的な爆発である。ウェブ空間のデータやブログだけではない。DTPの普及によって同人誌発行も飛躍的に活気づき、新聞や雑誌、書籍といった従来の出版メディアだけではなく、目配りする対象が増えた。このため、「世代論」ではなく、鳥瞰する視点を含んだ「メタ世代論」にならざるを得ない。結果として後藤と赤木の議論も埋もれた。

　そして三つ目には、優等生的な議論の蔓延を挙げられる。極端な意見や立場性が濃厚な議論は、すぐに足下をすくわれたり、検証にかけられたり、あるいは、無視されたりする。テレビのコメンテーターのように、問題を単純化したうえで、穏当な意見を述べる仕草が求められる。このため、「自己責任」への義憤に基づく後藤、そして、私憤にかられた赤木、それぞれの活躍の場は局域化した。

　付けくわえれば、「メタ若者論」者である古市憲寿は、後藤や赤木とは正反対に、世間的に広い支持を得ている。それは、彼がネットではなく単行本を出発地とした後、書籍や雑誌、テレビといった旧来型のマスメディアでの穏当な発言を主としているからである。先行世代を批判する「論壇」のゲームに参加せず、キャラを消費させているからである。

　「世代論」が「メタ世代論」になる、と述べる本章は、いわば「メタ「メタ世代論」」とも言うべき屋上屋を架す徒労だったのかもしれない。

　「論壇」は、先行世代を叩くニューカマーと、彼らをマウンティングする年長世代という対立構造を描いてきた。そんな空間は、もはやどこにもない。「昭和」の時代に中年男性の指定席だったテレビの「評論家」や「コメンテーター」の座には、「令和」のいま、「若手社会学者」をはじめとした「気鋭の論客」が顔を揃える。しかしそこに後藤と赤木の姿はない。後藤と赤木は、「論壇」の断末魔において忠実にそのルールに従った。それゆえに、「崩壊」後の現在においては、主流のポジションに立てない。最後のゲームとしての「ロスジェネ論壇」は「「若者批判」を批判する若者」としての彼ら二人を消費した。

「世代論」を試みようとすれば、たちまち「メタ世代論」や「メタ「メタ世代論」」に取りこまれる状況を、本章冒頭では、「ごちゃごちゃしている」と表現した。この典型的な事例として、後藤と赤木の二人をあげた。二人の活躍は、「世代論」だけではなく「メタ世代論」の臨界でもあり、「三代目」を語るときの重要な補助線となりうるのである。

第3章
「三代目」の葛藤

1　「世代」への自覚

「お笑い第七世代」とは？

わたしたちは、どのように、自分たちを「何代目」と自覚するのだろうか？

本書でここまで整理してきたのは、「三代目」と呼ばれる人たち、外からそう見られる人たちの特徴をめぐるわくぐみであった。「三代目」の特徴として、いくつもの「始まり」であり、「ウジ社会」「イエ社会」「ムラ」の結節点にあること、「無邪気な個人主義」の発露する地点としてあらわれることを指摘した（→第2章）。

本章では、「三代目」の自覚について、小田実と阿部良雄、二人の文学者を手がかりに考えたい。彼らは、ともに一九三二年（昭和七年）生まれであり、みずからを「三代目」と呼んだ。その自意識は、小田のことばを借りれば「ハラにこたえた」経験にもとづいているし、阿部の表現をもちいれば「かっこう悪く手さぐりし手間をかけよう」とした結果である。

「三代目」の自意識は簡単なようで難しい。対して「初代」は、創始者としての自覚を持ちやすい。なにかの事業や、商売、学問を「始めた」とする自負を持つのは、たやすい。

たとえば、ソフトバンクグループの孫正義は、自他ともに初代と認められる。衣料品大手ユニクロの柳井正は、商売を継いでいるものとしては二代目であるものの、ファーストリテイリングの創業者としては初代である。学問であれば、柳田國男を民俗学の初代と位置づけられる。

「三代目」とは逆方向を考えてみよう。

「お笑い第七世代」という言い方をしばしば目にする。第一世代にはコント五五号、ザ・ドリフターズ。第二世代にタモリ、ビートたけし、明石家さんま。第三世代にとんねるず、ウッチャンナンチャン、ダウンタウン。第四世代にナインティナイン、ロンドンブーツ一号二号。第五世代にアンジャッシュ、中川家、フットボールアワー。第六世代にサンドイッチマン、ナイツ。と、それぞれあげられる。爆笑問題は第何世代なのか。とか、あるいは、志村けんは年齢的には第二世代ではないか、といった細かい、しかし、お笑い史において大切な論点はあるだろう。

けれども、「第七世代」という言い方を、お笑いコンビ・霜降り明星のせいやが自称した。ここに注目しよう。[1] 二〇一八年一二月二日の日付で公開されたつぎの発言から、「世代」への自覚という点で、本書への示唆を得られる。

> 26歳で「M－1」チャンピオンになれるとは夢にも思わなかった。相方も言いましたけど、近年ベテランの方が面白いという感じになってる。そうじゃなくて、新しい若い力もまだ荒いけどオモロイんやぞ、というのを見せていけたら。ここから僕らの世代と言われるように。霜

降り明星から始まったと言われるような次の世代を作っていきたい。[2]

「僕らの世代」「次の世代」という表現は、そののち、「第七世代」として広まっていく。テレビ番組のタイトルにも使われていく。フジテレビは、二〇一九年八月三〇日の深夜に「7G-SEVENTH GENERATION」[3]を放送している。テレビ朝日系列「アメトーーク！」の二〇一九年一二月三〇日の年末スペシャルでは、明石家さんまをまじえた「さんまvs.お笑い第七世代」というコーナーをもうけている。

「僕らの世代」「次の世代」とは、先行世代を「彼らの世代」「前の世代」として、古いもの、もしくは、終わったもの（オワコン）扱いしようとする、彼らの野望の裏返しではないだろうか。具体的に誰かを指しているわけではないのだろう。もっと素朴に、自分たちよりも前に世の中に出ている人たち、世間から知られ、支持されている人たちに対して、「もうお前たちは古い」と死亡宣告をつきつけて、「これからは自分たちの番だ」と宣言する。ここに目的がある。

「世代」というくくりは、「〇代目」というカテゴリーは、こうした新旧の争いから生まれる。

「天保の老人」と「明治の青年」

近代におけるこうした事例として、すでに触れたように、明治初期のジャーナリストの徳富蘇峰をあげられる。彼は、自分たちを「明治の青年」、先行世代を「天保の老人」と呼ぶ。

明治二〇年（一八八七年）、当時二〇歳の徳富蘇峰[4]は、雑誌『新日本之青年』において、「明治の青年は天保の老人より導かるるものにあらずして。天保の老人を導くものなり」[5]（徳富 1887）として、年長世代を「老人」と記す。天保とは、明治よりも八つ前の元号であり、西暦でいえば、一八三〇年から一八四四年までの一五年間つづいている。世代論は、日本の歴史上にはあまり見られてこなかった。くわえて、「天保」と「明治」という元号によってそれを試みた。この二点において新しい。

徳富によって「天保の老人」として総括されるのは、伊藤博文や山県有朋のような貴族的欧化主義や復古主義者たちである。自由民権派を「封建的自由主義」と決めつけ、さらに、福澤諭吉も偏知的（つまり道徳軽視的）と批判する。

徳富の切りすてた福澤の同世代として、思想家の丸山眞男は、吉田松陰（文政一三年＝一八三〇年生まれ）、坂本龍馬（天保六年＝一八三五年生まれ）らを挙げ、「感受性の強い青年期に幕藩体制の何たるかを身を以て知り、またその体制が音をたてて崩れてゆくさまを目のあたりに見た上で新しい時代を迎えている」と述べる（丸山 1986: 33-36）。

徳富の狙いは、「第一の革命」たる明治維新につぐ「第二の革命」の担い手として「新日本の青年」を持ち上げることにあった。ひとつめの革命を成しとげた「天保の老人」にはご退場いただこう。つぎの自分の世代たる「明治の青年」「新日本の青年」こそ、「第二の革命」を導くのである、と。

じっさい、徳富蘇峰自身は明治生まれではない。文久三年＝一八六三年生まれであり、「明治維新」も、幕藩体制もまったく知らない。同世代の三宅雪嶺、北村透谷、徳富蘆花、田山花袋、島崎藤村、徳田秋声らとともに、「はじめから「明治の御代」に生まれた世代」（丸山 1986: 35）に属している。[6]

世代を元号によって区切る。こうした意識は、それまでの日本語の時空間では成立しえなかった。ひとつひとつの「元号」の命脈が短かったからである。江戸期までは元号をやたらと変更していたため、「文治の老人」や「慶應の青年」といった呼び方が成り立たなかった。蘇峰は、元号とともに世代を区分する、という分節化をおこなった。「天保」に生まれた老人は、確かに明治維新を成しとげたかもしれない。その「第一の革命」は終わり、いまや「第二の革命」が到来した。徳富は、こうした、はっきりとした時代区分、世代区分の意識をあらわにしている。

現代のお笑いコンビ・霜降り明星も、あるいは、明治の蘇峰にしても「先に生きている世代はもう古い、これからは俺たちの時代だ」という自覚を持っている。その自覚を、「第七世代」、あるいは、「明治の青年」といった、それ自体「新しい」呼び方を使って表現する。「世代」の自覚とは、先行世代に対する差別化であり、分節化である。フランスの社会学者・ピエール・ブルデューの用語を借りれば、distinction ＝卓越化、と呼ぶことのできる、たぶんに戦略的な使い方である（磯 2020）。いまふうに言えば、「マウンティング」「マウントをとる」といった言い方になるだろう。

この distinction としての「三代目」の使い方こそ、小田実によって書かれたベストセラー『何でも見てやろう』の末尾に見られる。いや、正確に言えば、distinction に似た使い方を見てとれるのである。

2 『何でも見てやろう』

近代の「三代目」

一九六一年二月当時、東京大学の大学院で西洋古典学を学んでいた小田実は、河出書房新社から『何でも見てやろう』を刊行する。[7] 同書は、二〇万部を超えるベストセラーとなる。沢木耕太郎『深夜特急』(新潮社、一九八六―一九九二年)、さらには、日本テレビ系列「電波少年」(一九九六年)で猿岩石の繰りひろげた旅の原型となる。小田実の小説家としての代表作をすぐには思いうかべられなくても、同書だけはピンとくる人も少なくないだろう。

二〇〇七年に亡くなった小田は、小説家よりも「活動家」の印象が強いかもしれない。[8] とりわけ一九九五年の阪神大震災以降、政府から被災者への公的扶助の法制化に走りまわった様子の方が派手に見える。[9]

文芸ジャーナリストの佐々木文子は、つぎのように書いている。

小田が高校生の時に書いた『明後日の手記』(昭和二六年)と、大学時代に書いた『わが人生の時』（昭和三一年）という二つの小説を、河出書房から出版している。東大文学部の修士課程に進んだ小田は、フルブライト奨学金を得てアメリカに留学していた。（佐久間 2012: 99）

佐々木の指摘するように、小田は、留学前に二冊の著書を出している。一九五一年（昭和二六年）、一九歳の時には、「アメリカに友好的な立場をもち、かつ左翼陣営との接触もある」（金 2019: 167）立場として、国際文化会館創設のためのスタッフにくわわっている（近藤 1992）。すでに「文化人」と呼ばれていた小田の二年間におよぶ留学は、本来、ハーバード大学で古代ギリシャ文学を学ぶためだった。フルブライト奨学金は、米国以外では旅費を自己負担とするのに対して、米国では「何から何まで丸がかえ」（小田 1961: 10）であり、当時、私立高校の英語講師として糊口をしのいでいた小田には好都合だった。

それは、『何でも見てやろう』冒頭の「まあなんとかなるやろ」に象徴されるように、行きあたりばったりの旅だった。カナダ、メキシコ、ヨーロッパ各国、エジプト、イランと、二二もの国をまわる壮大なスケールにふくらむ。一日一ドルの生活費でまわったから、行く先々で、食事を御馳走になったり、寝る場所を借りたり、と、珍道中の様相を濃くする。

帰国後、坂本一亀（音楽家・坂本龍一の父）は小田を呼びだし、小田に旅行記の執筆をすすめる。小田は九〇〇枚を超える分量を書きあげ、初版三〇〇〇部に過ぎなかったものの、またたくまにベストセラーとなった。比較文学者の芳賀徹の評言を借りれば、こうした小田の旅程と、旅行記の出版は「一つの画期を告げる、まことに爽快な事件であった」(芳賀 1974: 411)。

しばしば日本の若者たちの海外旅行の原型として取りあげられる、この『何でも見てやろう』は、「三代目」をめぐる議論で結ばれている。初版の単行本三五二ページの終幕、三三四ページからや唐突に始まる。この箇所の直前まで、インドでの経験を振りかえりながら日本に帰ってきた意義を小田は記したうえで、つぎのように述べる。

たぶん、今日の日本の留学生は、成金一家の三代目に似ているのであろう。「身をおこし家を成す」ユメにとりつかれた一代目は「西洋」に出かけ、エイエイ辛苦、刻苦ベンレイして財をつくる。帰国後、外人と交際する必要上から、彼は西洋風の家をしつらえ、家庭教師をやとって子供に英語をならわせるだろう。しかし、ひょっとしたら、彼が「西洋」で身につけたものは、財産と西洋風のエチケット以外の何ものでもないのかもしれない。彼の精神は、おそらく、なんの変革もなしていないのであろう。不幸なことに、いや、この上もなく幸福なことに、彼は、その自分の外面と内面の分裂、矛盾に少しも気がついていないのである。(小田 1961: 334)

一代目は、苦労をしたかもしれないものの、「西洋」をやみくもに信じていればよかった。英語をしゃべり、西洋風の家に住んでいたとしても、その内面は、いささかも変わっていない。外側は変わったように見えながらも、逆に、内面は何ら違わない。それを矛盾と気づかないのはいかがなものか。そう小田はとらえる。

これに対して二代目は、一代目の分裂と矛盾から出発する。「西洋」へと出発し、当地で暮らす。「オヤジの生活は矛盾だらけだ」と思い、その矛盾をつこうとする。けれども、二代目は一代目の残したお金によって食べている以上、とどまるしかない。小田は、つぎのように嘲笑する。

> あげくのはて、自分自身の外面と内面の分裂に果てしない苦悩を抱きながら、ふたたび故国へ帰って来る。その彼を待っているものは、最後には「みそぎ」という惨憺たるアホらしい行為にまで行きついた、厚くはりめぐらされた封建的なるものの壁であろう。(小田 1961: 335)

「みそぎ」とは、たとえば、「家」同士の結婚であったり、あるいは、家業を継ぐことであったりするだろう。「西洋」で触れたはずの自由はそこにはない。古くからのならわしにとらわれるしかない。そんな我が身の不幸を呪うほかない。二代目が「西洋」で見たもの、触れたものもまた、「封建的なるものの壁」だっただろう。小田の評する「「西洋」の本質をなすもの」とは、本書の区分で言えば、「イエ」よりも「ウジ」に近い血のつながりである。

「三代目は、おそらく二代目の苦悩とは無縁に育つ」と小田は言う。もちろんみずからを「三代目」にあてはめている。「一代目、二代目に比して、英語がおそらく比較にならぬほど下手であろう」し、「二代目が抵抗なしには受け入られなかった「西洋」を、最初からまったく自分のものとして、あたかも日本のもののようにして受け入れる」。「二代目が「西洋」（あるいは、その苦悩）と自分との距離に悩んだとしたら、三代目は「西洋」の苦悩自体を悩んでいるのではないか」と、小田は見立てる。具体的には、「二代目がバルザックといえば、フランス綴じの原書を思い浮かべるのに対し、三代目の頭にくるのは、先ず岩波文庫の赤帯であろう」（小田 1761: 335-336）。

小田の記述を、時代背景に照らしてみよう。

この本の出された一九六一年の前年一九六〇年には、日米安全保障条約更新をめぐる「闘争」があり、浅沼稲次郎が刺殺され、ヴェトナム戦争が始まった。一九五六年に「もはや「戦後」ではない」と経済白書はうたったものの、「六〇年安保」は、「戦後」がここにあると、強く思い知らせた。戦争をめぐる記憶は、日本を生きるひとびとを強く縛っていた。一代目も二代目も、そして三代目もみな「戦後」にとらわれていた。こうした日本の状況とともに、小田は、「三代目」をめぐる議論をつぎのようにまとめる。

> 三代目の位置が、それがそのまま、日本の現在の位置をあらわすのであろう。日本は、すでに一代目の無邪気で功利的な楽天主義を持っていない。二代目の外面と内面の分裂をもっとも手痛いかたちで経験した。そして、三代目の今、すでに「西洋」は日本の体内ふかく食い込み、日本自体が、「西洋」とともに大きく揺らいでいるように見える。（小田 1961: 341）

しかし、果たして、本当にそうだろうか。「西洋」は、体の中に取りいれられ、血となり、肉となっているのだろうか。ここで「本当に」というただし書きをつけるのは、小田実みずから、つぎのように書いているからである。

西洋風の市民社会がわれわれのところに存在しなかったから、「西洋」の小説はわれわれには本当には判らぬのであれば、べつに、本当に判らなくったってけっこうと思う。われわれには、われわれ流の読み方、判り方があるのである。そうでなければ、結局は、東は東、西は西、というあの判りきった不毛の結論に達するのがオチである。（小田 1961: 339、強調は原文）

小田は、しばしばこうした迷いを見せる。西洋について「西洋」の道具立てを借りて読もうとするのではなく、「われわれ流」にかみくだこうとする。そのためには、もちろん西洋を理解しなければならない。彼は、西洋流の理論や解釈には走らない。こうした小田を、鶴見俊輔は「手ぶらの男」と呼び、「小田実の作品を年代順に読んで見ると、この人には孫悟空が如意棒をもったという感じの時期が一度もなかったようだ」（鶴見 1970: 397）と評している。できあいの道具には頼らない。万能感を持たない。小田は、手さぐりで、無手勝流で「西洋」をつかもうとした。そのもがく姿は「三代目」の自覚とともにある。

小田の姿勢と自覚は、「西洋」の中に入ってその流儀を体で覚えようとしたもうひとりの文学者にも通じる。彼は、小田実と同じ一九三二年生まれであり、『何でも見てやろう』を強く意識したヨーロッパ体験記を書いたひとりのフランス文学者である。彼もまた「世代」という観点では重要な要素を秘めている。それは阿部良雄である。

阿部良雄の見た「三代目」

阿部良雄は、シャルル・ボードレールの翻訳者として知られ、雑誌『ユリイカ』や『現代思想』に執筆し、一九七六年には、その特集をまとめる形で『ボードレールの世界』という書籍を編集している。東京大学卒業後の一九五八年一〇月から一九六一年六月まで、フランス政府給費生としてパリの高等師範学校（École normale supérieure）に留学、その後、同地で日本語教師として勤めている。帰国後は、東京大学教養学部の助教授から教授となった。

彼の父親は英文学者で作家の阿部知二であり、良雄を「二代目」と呼ぶべきかもしれない。じっさい、知二の父は岡山県の中学教師であり、「西洋」の文学者ではない。

しかし、良雄の留学記『若いヨーロッパ——パリ留学記』では、同じ年に出た『何でも見てやろう』を強く意識している。その意識は、ここまで見てきた「三代目」をめぐる記述につうじる。同書は冒頭で、「ぼくたちの世代の人間にとって、欧米に対するいわれのない劣等感や、向こうでの生活についての漠然とした不安など、はじめから存在しないことは言うまでもない」と断言する。

そのうえで、『何でも見てやろう』という書名にも、小田実という著者名にも言及せず、一九六二年六月に刊行された『若いヨーロッパ』の「序＝はじめに憧れがあった」において、つぎのように書いている。

せっかく留学したのだから、みいら取りがみいらになるのを覚悟で、思い切りヨーロッパにかぶれてやろう――こういう心がまえで三年の留学を終えて帰ってきた男が、母国でなんとなく坐りのわるいものを感じながら、落着きをとりもどす参考にしようと思って、先輩や同世代の人間の欧米旅行記を読み、「もはや西洋は経済的条件さえ許せば気軽に往復のできるところ」、「風俗習慣のほとんどちがわぬところ」であって、「今どき西洋に対する漠然とした憧れをもっているとすれば時代錯誤だ」とか、ぼくたち日本の「三代目」が西洋へゆくと「先ず自分と『西洋』との差異よりも、それとの同質性、同時性といったものに眼を奪われる」、そしてこの「三代目」も究極的には自分が「西洋」人ではないことに気がつくが、それはまことにけっこうなことだ、自信をもって日本独自の道をゆけばよいのだ……といった結論を見つけて、その通りだ、この上なにを言うことがあろう、と思う。（阿部 1962=1979: 12、強調は引用者による）

この四〇〇字を超える長い一文の後半、「先ず自分と」より始まる引用は、『何でも見てやろう』からである。この引用部分では「同世代の人間の欧米旅行記」とだけ示されているものの、同書には、つぎのような箇所も見られる。

汽車の中やユース・ホステルや大衆的なキャフェなどで出会う若者たちは、欧米人にしてもアフリカ人にしても、たいていの場合人見知りなどはせず、こうした「偶然」を利用して友達を作ることを人生の楽しみと心得ている者が多いのだから、それこそ『何でも見てやろう』の著者のように、てれることをしないで自然につき合うのがよい、というほどの意味だ。（阿部 1962=1979: 172）

阿部良雄は、このあと、「小田実氏」がヨーロッパで作った女友達について、「地元留学生の立場から注釈をつけておきたい」とつづける。小田は、ドイツの少女、スカンジナヴィアの女性、アメリカ娘とは仲良くなれる、と分析している。阿部は、これについて「偶然から生まれたように見える彼の報告が、日本人留学生の相手になりやすい娘たちの種類を、正確に示している」とするす。映画を見たときの「人間的（ユマン）」という評価をめぐっては、つぎのように小田に触れる。

小田実氏のシカゴ見物のくだりに、シカゴがなぜ気に入ったかと聞かれて絶句したあげく、「詩的（ポエティック）」だからと口走って相手を仰天させたと書いてある。外国語というのは暑さに弱いもので頭が暑さにやられると「神がかりな」表現がとび出すものだという小田氏の感想は、何度もそれに似た経験をあじわった身のぼくを大変うれしがらせたが、よく考えてみると、こうした「神がかりな」言葉がとび出すのは、暑さとか疲れとか酩酊とかあるいはその外国語に弱いとかいった偶発的事情からくるだけのものではなくて、ぼくたちの他人に対する思想伝達方法の根本的な特徴を示すもののように思われる。（阿部 1962=1979: 238）

先に見た女性への評価についても、ここに見る「詩的」という「神がかりな」表現についても、阿部は、小田実に完全に同意しているわけではない。というよりも、女性について「偶然」、「詩的」を「偶発的事情」と評しているから、否定しているととらえた方がよいだろう。

阿部は、もっと「根本的な」原因や違い、「ぼくたちの他人に対する思想伝達方法の根本的な特徴」を、それぞれのエピソードに見ている。単行本刊行から一七年後に書かれた「文庫版あとがき」で、「小田実の大ベストセラー『何でも見てやろう』（一九六一年）の尻馬に乗って世に出た数多い外国体験記の一冊」（阿部 1962=1979: 258）と自嘲しながらも、彼我の違いと共通点をつぎのように書いている。

小田実の虫瞰は世直しの目的をもって行われるのに、私の方はただ生活を楽しむ満足に終ってしまうのではないかと言われれば是非もないが、まじめな話、借りものの図式を使ってもっと抽象的な次元で物を言えば切れ味はいいだろうが、それはなるべくやらずにかっこう悪く手さぐりし手間をかけようという、禁欲的といえば禁欲的な意識が、われわれの世代にはかなり共通だったのだ。（阿部 1962=1979: 261、強調は原文）

「かっこう悪く」あがくところにこそ、小田や阿部の「三代目」としての、そして、「ぼくたちの他人に対する思想伝達方法の根本的な特徴」をみてとれる。

「ハラにこたえた」三代目の覚悟

小田は、「西洋風の市民社会がわれわれのところに存在しなかったから」としても、「西洋」の小説には、われわれ＝「三代目」の日本人である「われわれ流の読み方、判り方がある」と述べた。阿部良雄の表現を借りれば、それは「借りものの図式」による「抽象的な次元」なら「切れ味」よく、「判る」のかもしれない。しかしそうではなく、もっと、「手さぐりし手間をかけよう」としているのである。

『若いヨーロッパ』で阿部は「自信をもって日本独自の道をゆけばよい」と小田の本をまとめていたように見える。けれども、小田はそう書いたわけではないし、阿部もまたそう解釈していない。小田も阿部も、もっと「かっこう悪く」あがいている。

じっさい、『何でも見てやろう』の終わりの文章は、日本への帰国から二日後に行った散髪の場面である。その前に刈ったところを「カイロで」と答えたつもりなのに「だんなも九州旅行ですか？」と問われ思わず吹きだした、というくだりに続いている。みずからの二年間の世界旅行を、「そんなふうに、九州へ行くつもりぐらいの気持で、私は世界を気軽に歩いてきたのだろう」と振りかえり、つぎのように結んでいる。

しかし、たとえばカイロから東京までの間に、私の軽やかな足は、どれほどの重苦しいもののなかをつきぬけて来たことであろう。私はそうも思い、ニューヨークとコペンハーゲンとカルカッタの街景を同時におもい浮かべた。

感無量というのではなかった。しかし、やはりハラにこたえた。（小田 1961: 351）

この「ハラにこたえ」るような体験を、「三代目」としての小田実は持ち帰ってきた。それは、阿部良雄の言うように、「禁欲的といえば禁欲的な意識が、われわれの世代にはかなり共通」している。

小田は、「たぶん、今日の日本の留学生は、成金一家の三代目に似ている」と書いているものの、あくまでも「似ている」にすぎない。「唐様で書く三代目」のように、金にあかせて遊びほうけているわけではない。「日本は、すでに一代目の無邪気で功利的な楽天主義を持っていない。二代目の外面と内面の分裂をもっとも手痛いかたちで経験した」のであって、すでに、「「西洋」は日本の体内ふかく食い込み、日本自体が、「西洋」とともに大きく揺らいでいるように見える」、と小田は書いている。「ふかく食い込」んでいるありさまは、小田の説いているように、「われわれ流の読み方、判り方」でしかありえないし、また、そうであるべきなのだろう。

だからこそ、「ハラにこたえた」のである。

いくら「先ず自分と「西洋」との差異よりも、それとの同質性、同時性といったものに眼を奪われる」とはしても、「自信をもって日本独自の道をゆけばよい」と結論づけているとしても、小田は決して楽天的ではない。むしろ、「われわれ流の読み方、判り方」しかありえないと痛感すればするほど、「ハラにこたえ」るばかりだし、みずからの「三代目」としての役割を問わざるをえない。

小田実は『何でも見てやろう』の後、予備校の教師となり、一九六五年にはべ平連（ベトナムに平和を！市民連合）の代表につく。同書を書いていた一九六〇年の日米安全保障条約をめぐる「闘争」や、浅沼稲次郎の刺殺、そして、ヴェトナム戦争の開戦などを前にしてなおさら「ハラにこたえた」のだろう。

一九六四年の東京オリンピックを控え、「戦後」からの脱却（「もはや「戦後」ではない」）が叫ばれていた時代に世界を回った小田は、覚悟を決める。まだまだ自分には日本でやることがある、いや、日本で何もなし得ていないのではないか、と。覚悟のあらわれとして、小田は現実の行動へと、阿部良雄は、西欧精神へのさらなる探究へと進んでいく。阿部による、たとえば、ボードレールの個人全訳という偉業は、その結晶のひとつと言えよう。

「世代」への自覚

本書の冒頭で「世代」への自覚とは、先行世代へのdistinctionだと述べた。しかし、ここまで見てきたように、小田と阿部の「三代目」への自覚は、そうした姿勢ではなく、弱々しく、不安定で、自信を持つには至らないものだった。

「三代目」の自覚は、「お笑い第七世代」や「明治の青年」のような、先行世代との差分を引き出す＝distinctionとは違うのではないか。阿部良雄の表現を使えば「ぼくたちの他人に対する思想伝達方法の根本的な特徴」として自分たちが「三代目」だと認める。それによって、行動していく。この点で「三代目」は、初代や二代目より、さらなる深い覚悟を求められる。小田実と阿部良雄という二人の文学者は、「三代目」という表現を使い、反応し、発展させた。だから本章の冒頭では、その自覚を「distinctionに似た使い方を見てとれる」とあらわしていた。

一代目のような開拓者精神でもなく、二代目のような苦悩とも違う。「三代目」は自由でありながらも、それゆえに手さぐりで「西洋」の抱える課題そのものを引きうけるしかない。

彼らは、一代目のような呪縛にも、二代目のような「西洋」と一代目への二重の呪縛にもとらわれない。阿部良雄による「ぼくたちの他人に対する思想伝達方法の根本的な特徴」との観点によれば、「西洋」を、からだで丸ごと受けとめて、そのなかに入っていくところに特徴を見いだせる。古くからのならわしにはとらわれず、二代目の苦悩とは無縁でありながら、自由であるがゆえの葛藤と苦労をかかえている。それが「三代目」の自覚である。

とすれば、その自覚を現代にも確かめられるのか。この点について、つぎの章で、文学とは別の世界＝経営者の世界を素材に考えてみよう。

第4章
松下、トヨタの「三代目」

1　個人か組織か

企業にとっての「三代目」

「三代目」というタグを用いて近代日本を見るとき、企業は重要な要素である。

企業という資本主義の論理で動く組織において、世襲[1]という、いっけんすると昔ながらのならわしにとらわれる個人を、どのように位置づけられるのか。そもそも世襲は封建主義のならわしなのだろうか。

第2章では、「三代目」を考える理論的なわくぐみとして、「小文字で複数の始まり（beginnings）」、結節点、「無邪気な個人主義」をあげた。その無邪気さは、第3章でみた「世代」への自覚として、自由であればこそその葛藤へとつながる、と述べた。本章では、こうしたわくぐみにそって、企業における「三代目」を分析する。第二章は「三代目」をめぐる理論、第三章は「世代」への自意識、そして、本章では、外側である企業にとっての「三代目」を位置づける。

企業における「三代目」は世襲によるものではないし、もとより世襲＝古いならわし、ではないのではないか。裏をかえせば、本章の問いは、「世襲は、古いならわしなのか？」である。企業においてこそ世襲を尊ぶのではないか。

なぜなら、第2章で見たように「無邪気な個人主義」とは、「個人の欲望の自由を前提にしつつ、欲望に内在する別の社会性の回路によって社会を構成するという論理」(佐藤 1993: 237)であり、ここにいわれている「欲望に内在する別の社会性の回路」こそ、企業に代表される、資本主義の論理だからである。言いかえれば、企業=組織をつづけるのに好都合であれば、世襲に何のためらいもないどころか、積極的に利用するのが、「無邪気な個人主義」だからである。社長をつづけたい、という個人の欲望の自由と、組織存続とは、けっして矛盾しない。それどころか、強いリーダーシップをとって組織を改革しようとするよりも、神輿にかつがれたまま乗っているだけの「ぼんくら」であればなおさら便利な場合すら多い。

本章で見る二つの事例は、「三代目への世襲」をめぐる対応において対照的だった。松下電器産業では、二〇一九年をもって創業家一族の松下家は経営にいっさいかかわらなくなったのにたいして、トヨタ自動車では、二〇二一年現在の社長が「三代目」である。前者は、創業者個人を崇拝するあまりに世襲を続けられなかったのにたいして、後者は組織を重視するがゆえに創業家を重んじる。組織の論理=都合に照らして、世襲を使わなかった側と、おこないつづける側にわかれる。

創業者個人を崇めるなら、創業家一族もまた重用し、その威光に従うかに思われる。またその逆に、組織共同体の規律に重きを置くならば、創業家は前近代的な因習の象徴として排して遠ざけるかのように思われる。

ところが、この二つの企業、松下電器産業とトヨタ自動車は、そうしたわかりやすい方向には進んでいない。前者は、二〇一九年をもって創業家である松下家が経営にかかわらなくなったし、後者は逆に、ますます豊田家の「世襲」に向けた道を敷きつつあるように見える。[2]

本章では、世襲＝古いならわし、ととらえるのではなく、複数の始まりとしての自由さをもつ「三代目」を、企業の論理から見た場合に、何をとりだせるのかを考えよう。

2　松下家——個人崇拝と組織抗争のはざまで

世襲＝古いならわし、という点でとらえるなら、松下電器産業は、その縛りから解きはなたれたのかもしれない。創業家＝松下家の「三代目」正幸は、社長にも会長にもならず、創業者・幸之助への個人崇拝と、それゆえの組織抗争のはざまで揺れつづけ、そして散っていったからである。

「松下電器産業」という個人名を冠した社名から「パナソニック」[3]というカタカナの、しかも、それだけではすぐには意味のわからない用語への変更に象徴されるように、松下家の「三代目」は、創業家の威光を削られるなかで振りまわされ、経営陣から身を引くにいたった。

「家族的」とされる同社の経営手法から受けとれるイメージに反するかのように、社内抗争に明け暮れてきた。そのプロセスについては、岩瀬達哉『パナソニック人事抗争』（岩瀬 2015→2016）に譲るとして、松下正幸が経営のトップにたどりつけなかったところに着目しよう。

松下正幸の呪縛

松下正幸は、二〇一九年六月二七日の株主総会において、パナソニックの副会長から退任し、取締役からも外れた。七月以降は、非常勤の特別顧問として、二〇二五年の大阪万博をはじめとする関西財界での活動に従事しているという。

松下正幸は、先に述べた通り、パナソニックの創業者・松下幸之助の孫であり、これまで、幾度となく社長就任が取りざたされてきた。世襲を運命づけられていた。彼の父・正治は婿養子であり、経営者としての信頼を幸之助から得られなかった。それだけに幸之助による、血の繋がった男＝孫の正幸への期待は大きく、将来の社長候補としてあつかってきた。

彼は、「いい人」だといわれる。人望もないわけではない。部下や周囲に対して高圧的でもないのだろう。他方、それゆえに、パナソニック社内ばかりか、地元・関西財界での正幸への経営者としての評価は、芳しいものではない（梅沢 2020）。

その理由を、「三代目」としての彼の育ちに求められるのだろうか。

一九四五年一〇月一六日に生まれた松下正幸は、幼少時、休みに幸之助が客を茶室に招き、その席に自らも同席していた様子を、つぎのように振りかえっている。

自分の祖父が「松下幸之助」だとわかったのは、小学生の頃ではなかったでしょうか。友人など、周りからも言われていましたし、何より親から「うちは松下だから」というようなことを言われるようになり、うちは一種独特なのかもしれない、そんなふうに思い始めたのです。[4]

英才教育を浴びるように受けてきた松下正幸は、社長に就く将来を疑っていない。

ウチの相談役の思想は、〝企業は公器〟。ですから、「お前が継げ」といわれたことは、父からも祖父からもありません。むしろ、周りの人が「あんたが継ぐんでしょ」と当然のようにいうんですよね。「息子だから、孫だからといって継げる会社じゃありません」[5]

当時の松下は、もはや家内制手工業ではない。経営者の一存で何かを、それも社長人事を決められる会社ではない。創業者の家族だからという理由だけでは、会社を継げない。正幸のこうした韜晦は、みずからの立場をわきまえた殊勝な発言に聞こえる。たとえ家族だからといって、そうそう簡単に会社を継げるわけがない、と聞こえる。「創業家一族のボンボン」と揶揄されないように、慎重に予防線を張っているように聞こえる。

しかし、そうではない。

なぜなら、もし、ほんとうに「〝企業は公器〟」であるならば、もとより息子や孫の入社をことわるのではないか。株式を上場し、家族親族以外の多くの従業員を雇い、さらには、日本の外でも大勢の労働者がいる。会社は公器というほかない。であるならば、義理の息子（正治）や、孫（正幸）をこそ、まっさきに会社から遠ざけるのではないのか。

にもかかわらず、詳しくは後述するように婿養子を会長に置き、幸之助みずからは「相談役」という立場にこだわり、居座り、そして、その間に時間稼ぎをして、正幸をなんとかして社長の座につかせようとしたのではないか。血のつながった孫を、どうしても社長へと押しあげたかったのではないか。

「継ぐ」と「就任する」

血脈（へ）の呪縛は、幸之助だけではなく、正幸をも苦しめていく。先に引用したインタビューはつづく。

> 仮に（社長に）なったとしても、〝継ぐ〟というより〝就任する〟ということですね。
> ただ、他の社員の方に比べて有利なのは、創業者や会長（父・正治氏）のモノの考え方を、会社生活だけでなく家庭生活でも知り得る立場にあること。それともうひとつ、小さいときから松下という会社をつねに意識し、その成長過程を見てきたことじゃないですか。[6]

「〝継ぐ〟」とは世襲をあらわし、「〝就任する〟」というのは実力ゆえに社長の地位にのぼりつめる、と言いたいのだろう。前者であれば能力に欠けていてもなれるものの、自分は後者と強調している。ただし、後者における「有利な」理由として、「家庭生活」と会社の「成長過程」の二点をあげる。ここに、正幸における血脈の呪縛がある。

もし、「〝就任する〟」、すなわち、あくまでも「公器」における役割として社長になるのであれば、その際に、創業者や会長の「モノの考え方」は、それほど重要な要素ではない。社長として、会社をマネジメントする能力があればよい。逆に、創業者の「モノの考え方」を理解しているのだとしても、正幸のことばには無理がある。「モノの考え方」とは、「企業は公器」であり、すなわち、「家庭生活」も「成長過程」もどちらも有利に働きはしない。公の器である以上、「家庭生活」というきわめてプライベートな要素が影響しないように配慮しなければならない。いくら「〝企業は公器〟」であり、社長に「〝就任する〟」と着飾ってみたところで、社長就任という結論ありきなのではないか。

正幸は、血脈を受け継ぐものは社長になる、という命題を先に持っていて、そこから逆算して理屈を立てているのではないか。かといって、ここで正幸を責めたてるのではない。幸之助から正幸の受け継いだ呪縛、血脈の呪縛に着目したい。

正幸と戦後

別の角度から正幸を見てみよう。松下幸之助の「三代目」としてではなく、近代日本の「三代目」として松下正幸をとらえてみよう。

先に書いたとおり、正幸は、一九四五年に生まれ、慶應義塾大学を卒業後、一九六八年四月に松下電器産業株式会社に入社している。この経歴は、日本の戦後そのものといえる。日本の戦後のめざした理想の人生を、松下正幸はあゆんでいた。

創業者である祖父が、戦争を挟んで興した事業を大きくする。そのうえで、息子、もしくは、婿養子に家業として継がせる。会社の「成長過程」を生まれたときから見る孫は、有名大学に入学し、寄り道もせず入社する。正幸は、先のインタビューでも語っているように、「会社の中にあった社宅」で生まれており、それは、「松下電器広しといえども、会社の中で生まれたというのは、私が最初にして最後」である。会社の隆盛とライフストーリーを重ねられる幸福な過程だった。

ここに、焼け跡からの復興と高度経済成長という、二つの大きなストーリーが重なる。一九四五年に戦争が終わり、焼け野原から立ち上がる祖父と父の背中を見て、正幸は育つ。日本が国際社会に復帰し、朝鮮戦争の特需を経て、六〇年代に経済大国となっていく。そのプロセスは、ちょうど正幸の成長と重なる。

松下電器は、経済大国となる豊かさの象徴としての家電製品を売ってきた。国民とともに豊かになり、会社の規模を大きくする。同社の経営努力や戦略の賜物である。ただし、戦争によって大きなマイナスに触れた日本経済は、回復し成長する途上にあった。同社はその果実を謳歌した。戦争が終わり、人々は普通の生活に戻り、さらには、テレビ放送が始まる。国民は、洗濯機、冷蔵庫、そして白黒テレビ、という「三種の神器」と呼ばれた家電製品を強く求める。松下電器は、その三つをつくり、大きくなる。

それだけではない。

「三種の神器」には入らなかったものの、昭和三〇年、一九五五年に登場した自動炊飯器は、日本の家計にとって革命的だったと言えよう。第一号機は、東芝から売りだされ、昭和三二年には月産一万台にのぼる大ヒット商品となる。自動炊飯器を開発したのは東芝であり、松下は後発である。この後発というところに着目しなければならない。

俗に「マネシタ」とも呼ばれるように、松下電器は、パイオニアであるよりも、同業他社の開発した商品をよりよくアップデートする術に長けていたとされる。斬新な商品を生みだすというよりも、常に先行する他社を追いかけて追いこすその能力において秀でていたとされる。この点において、正幸のライフコースを同社の歴史と重ねられる。

彼は、自分の意志によって、何かを切りひらいてきたわけではない。それよりも、「会社の中で生まれ」、大学を卒業し、同社に入る。入社した一九六八年は、大学紛争がピークに達する時期だった。けれども正幸は、学生運動には身を投じていない。祖父や父が敷いたレールを何の迷いもなくなぞっているように映る。

もちろん正幸個人には、それなりの、余人にはうかがい知れない葛藤があったに違いない。創業者の孫、三代目としての苦しみを抱えていたに違いない。第3章でみた、小田実や阿部良雄のように、恵まれているゆえのむずかしさを抱えていたのかもしれない。ただ、その内面の困苦は、少なくとも経歴書を見るかぎりでは、あるいは、彼の言動を読むかぎりでは、外からは推測することも難しい。その反面、松下電器産業という会社は、正幸の屈託のなさとは裏腹に、常に派閥抗争を繰りかえす。この点が重要である。

正幸の心情は、会社にとっては、まったく考慮されない。組織は、あたかも「三代目」正幸が苦しんでいるかのように扱った。好都合だったからだろう。創業家一族は「世襲」に甘んじているわけではない。かといって、色気を見せていないわけでもない。それどころか、「〝継ぐ〟というより〝就任する〟」と、みずからの実力をもって社長へとのぼりつめるのだと、意欲を示している。

松下電器産業にとって、これほど利用しやすい人物はいない。

忖度や気づかいによって、周りが右往左往するのではない。「世襲」の有無をめぐって、当の「三代目」その人が弱みをさらけだす。創業家一族出身かつ要職にある人物が雑誌や新聞の取材に応じるにあたって、広報をはじめとする組織のチェックを必ず受けただろう。その際、会社に御しやすい表現に変えたかどうかは定かではない。ただし、少なくともそのチェックをへて世にでている公式見解において、「三代目」松下正幸は「世襲」をめぐる見解をあきらかにする。

いくつもの始まりとしての「三代目」は、正幸のように、会社ではなく、みずからの利益を優先する「無邪気な個人主義」ゆえに葛藤している。その葛藤は会社に利用される。松下電器産業という会社は、やすやすと「世襲」をさせようとしているわけでもなければ、かといって創業家一族を無慈悲に排除しようとしているわけでもない。そんなイメージを世間に流通させるために、正幸の饒舌すぎるほどの受けこたえは、うってつけだったにちがいない。

そうした組織の論理については、派閥抗争の末に社長に就いた山下俊彦による「世襲」批判を振りかえれば十分だろう。

松下と「世襲」

一九九七年。幸之助没後八年の夏を前にした七月一五日の夜、大阪市内の大阪ホテルプラザ二階「聚楽の間」で関西日蘭協会のパーティーが開かれた。会場で、松下電器産業三人目（三代目）の社長で、当時は相談役に退き、同協会の会長を務めていた山下俊彦（一九一九―二〇一二）は、記者団に対して、「創業者の孫というだけの理由で松下正幸氏が副社長になっているのはおかしい」と述べる。この発言については、近年書かれた山下の評伝『神さまとぼく』（梅沢 2020）も多くのページを割いている。

山下は、松下家への「大政奉還」（という当時の新聞記事にも見られた権力委譲のこと）を阻止するために「年内にしかるべき措置をとりたい」と述べる。

山下氏は「松下の事業拡大は順調に進んでいる」と語りながらも、「（幸之助氏の女婿の）松下正治会長を中心とする創業家と森下洋一社長は経営方針を巡って対立しており、意思決定に支

障をきたしている」と指摘した。（日本経済新聞一九九七年七月一六日朝刊）

かといって、「自分が取締役に復帰することはない」と述べており、権力争いとの見方を否定している。

もとより、松下幸之助の「世襲」に対する考え方には諸説ある。

ひとつは、幸之助が「世襲」に反対していた、という見方である。その根拠は、この山下による世襲批判発言と同時期に出た『ほんとうの時代』八月増刊号にある。幸之助は、PHP総合研究所を設立している。Peace and Happiness through Prosperity、すなわち、物心両面の繁栄により、平和と幸福を実現していく、という幸之助の願いのもと、一九四六年一一月に創設したものである。「ほんとうの時代」は、PHPから発行されている。その同誌の一九九七年八月増刊号で、同社副社長の江口克彦は、幸之助から聞いた話として、つぎのように書いている。

　実力もないのにわしの孫というだけで、役員にしたらあかんのや。松下電器はもはや松下幸之助のものでもなければ、松下家のものでもない。ほんとうに実力のある人物に経営していってもろうたら、それでええんや。わしにとって大事なんは松下家の世襲とかよりも会社の将来や。なぜならば、松下家は路頭に迷っても数十人しかおらへん。しかし、松下電器の十数万人の社員が路頭に迷ったなら大変なことになる。だから正幸がわしの孫やというだけで役員にするというのは反対や。血筋だけで経営者にして、会社をおかしくされたらたまったもんやない。

（強調は引用者による）

一九八六年、四〇歳という若さだった正幸の取締役への昇任に対して、幸之助は反対し、江口に右のように述べたという。そのさい、正幸の役員昇格に反対したのは、幸之助と、先の山下俊彦の二人だけだった、とも江口は付けくわえる。

他方で、幸之助が「世襲」にこそこだわっていた、という見方もある。雑誌「財界」のインタビュー記事で、幸之助は、正幸を「あれ」と呼んだうえで、つぎのように話している。岩瀬達哉『血族の王』から引用しよう。

〈あれはあとを継げるようななにを持っとる。継げないようなものに継がしたんじゃあかんけれどもな。しかし、まだ若いわ。取締役にするにも四十を過ぎんと具合悪いな〉

〈じゃあ、社長ということになると、まだまだ先ですか〉と、インタビュアーを務めた「財界」発行人の針木康雄が問うと、こう返した。

〈そうなるわな。いまうちの子会社は七百あるわけや。外国のうちの関係会社まで含めると従業員は二十五万人いるわけやからな。だから、常務になるのは四十五以上やな。これだけ大きな会社なんやからな〉（昭和五十八年新春特別号）（岩瀬 2014: 354）

たったひとりで起業して、世界に冠たる一大企業をつくりあげた松下幸之助の悲願は、孫を後継ぎに育てる以外になかったと、岩瀬は分析する。肉体も精神も衰えながらも、決して、「経営の神様」の立場を手放そうとはしなかった。相談役に退いたものの、他の後継者は、あくまでも中継ぎにすぎず、「没落した家を興し、家名の復興を果たすという切実な願い」(岩瀬 2011 → 2014: 351)のために「幸之助の衝動が向かった先は、孫の正幸を自身の後継者に育て上げ、松下電器の経営を任せることであった」(岩瀬 2014: 351)。

一九六一年一月に、六六歳で、寝耳に水とされる形で、娘婿の正治に幸之助は社長の座を譲る。また、一九七七年に取締役二六人中序列二五番目の山下俊彦を、幸之助は正治の後継に抜擢する。いずれも、その背景については、米倉誠一郎の分析するように諸説ある(米倉 2018:234-239)。とはいえ、岩瀬達哉の説は十分に納得できよう。

正幸は、九〇年に常務、九二年に専務、そして、九六年に副社長とのぼり、その一年後に、山下俊彦の松下家世襲批判発言に見舞われる。正幸自身は、「松下幸之助の孫であることは事実。プラスの方がはるかに大きい」(日本経済新聞一九九七年七月二五日朝刊)とか、「社長は最後の決断をしなければならないなど、きつい仕事で個人的にはやりたくない」(毎日新聞一九九七年七月二五日朝刊)といった、後ろ向きの反応を見せる。その後の正幸は、二〇〇〇年に財界活動担当の副会長に棚上げとなり、先述のとおり、一九年間塩漬けにされた挙句に、二〇一九年六月二七日付で特別顧問に就いた。この経緯を見れば、正幸は会社よりも自分を大切にしていたように見える。

山下俊彦にとって「世襲」は、営利を追いもとめるとともに、「会社は個人のためにある」（梅沢 2020: 413）上で、障害でしかなかった。そうした思想と正幸はあいいれない山下のいう「個人」とは、経営者や管理職ではなく、従業員ひとりひとりであり、取引先や、さらには消費者まで含まれている。彼らや彼女たちの生きる支え・糧として会社はある。

山下による正幸への評価は「何もしていない」だった（梅沢 2020: 433）。会社は、かかわる人たちの能力を最大限に発揮する場だと考える山下にとって、正幸は社会の地位に値しない。正幸による「世襲」は、断じて防がなければならないものだった。「世襲は古いならわし」だから反対しているのではない。会社という組織にとって、得なのか損なのか。即物的かつ冷酷で実をとる判断において、正幸は、あてはまらない人物だった。

松下電器の「三代目」をめぐる、御家騒動からは、「世襲は古いならわし」か否かではなく、会社がいかに個人を利用するのか、その無慈悲なありさまを見てとれるだろう。山下は「会社は個人のためにある」と強調しなければならない。それほどまでに、組織は創業家をも使いつくす性格をもっている。大きな組織のためには、個人の考えなどどうでもよい。そんな冷たさを知りつくしていたからこそ山下は、あえて「個人」に力点をおいた。その山下にとって「世襲は古いならわし」かどうかは、無関係だったのだろう。それよりも、いかに組織から個人を守るのかに注力した。山下は正幸を個人として組織から守るために、あえて「世襲批判発言」を繰りひろげた。

ここで山下の発言をめぐって、当時のトヨタ自動車の反応に目を転じたい。トヨタの「世襲」についての考え方を見ることによって、会社の論理をさらに浮きぼりにできるからである。[7]

3　豊田章男とトヨタ自動車

トヨタの「世襲」

トヨタ自動車の奥田碩社長（当時）は、この、「山下世襲批判発言」から一週間後の一九九七年七月二二日に記者会見をおこない、記者と懇談する。その場で、つぎのように述べている。

松下電器産業の山下俊彦相談役による松下家の世襲批判発言に絡んで、「豊田家だからといって特別扱いすることはない。本人にも言ってある」と公平な人事を改めて表明した。（日本経済新聞一九九七年七月二三日朝刊）

この発言は、トヨタの「世襲」観をあらわしている。

当時のトヨタには、創業家・豊田家につらなる人物がふたりいた。開発部門の部長級に豊田英二名誉会長の三男・周平と、国内営業部門の次長級に豊田章一郎会長の長男・章男の二人である。かれらを念頭に、「特別扱いすることはない」と、奥田は釘を刺している。

奥田は、ゆくゆくは豊田家による「世襲」がおこなわれると想定したうえで、それでもなお、建前上は「公平な人事」を強調する。もし、本当に「特別扱いすることはない」のなら、当時四一歳の豊田章男が、同期のなかで最速で次長に昇進することはありえない。すでに部長クラスにあった周平の処遇をめぐっても同じである。奥田のことばは、タテマエであって、ホンネではなかっただろう。

わざわざ山下の発言にからめて述べた裏には、トヨタは、松下電器産業とは異なり、お家騒動には発展しないのだとする自負を読みこめる。

豊田章男は、この三年後、四四歳の若さで取締役に就き、そこから五年間で常務、専務、副社長と駆けあがり、二〇〇九年六月に五三歳で社長の座へたどりつく。

先の引用につづく、奥田のつぎのような言いかたもまた興味深い。

(周平氏と章男氏は)「一般的なサラリーマンにはない気概を持っている」と彼らの実力を評価する発言もあった。(日本経済新聞一九九七年七月二三日朝刊)

「公平な人事」をうたいながらも、「気概」の点で創業家の一員であることを評価する。図らずもこぼれたホンネとも言えよう。このホンネと、豊田章男の位置どり、このふたつを照らしあわせておこう。

豊田章男の「世襲」

二〇一九年に六三歳になった豊田章男は、肝いりの自社媒体（オウンドメディア）[8]『トヨタイムズ』で、つぎのように発言している。

豊田章男：僕はね、自分の寿命は決めてるんですよ。
小谷真生子：えっ？　寿命決めてる？
豊田章男：うん決めてる。
イチロー・小谷真生子：どういうことですか？
豊田章男：77で亡くなるってなってるんですよ。
小谷真生子：亡くなるってどうやってですか？
豊田章男：どうやってって、もう自分はそこでストンと。
イチロー：いや、ストンって、そんななれないですから。
豊田章男：だからなれなかった時には、その後はいただいた人生。ということで、それまでとはちょっと違うことをしてみたいなと。
小谷真生子：なんですかその77っていうのは。
豊田章男：豊田ファミリーで、70代で亡くなった人いないから。

私のおじいちゃん50代、ひいおじいちゃん60代、ね。それで70代と80代が空席なんですよ。空席っていう言い方もなんですけどね。だから70代か80代。

小谷真生子：で、77っていうのを選んだのはなぜなんですか？

豊田章男：だからあのー、今の名誉会長は今90代ですけどね。あのーが、80代だった時に、あっ70代が空いたな。空いたなっていうかね、誰もね、70代で人生を終えたファミリーはいなかったなと思って77。単に77にした。[9]

「章男氏の御用達」（『選択』二〇一九年二月号、八七頁）と言われるキャスターの小谷真生子と、二〇一九年にメジャーリーグを引退したイチローとの鼎談の席で、このやりとりを交わしている。「寿命は決めてる」という発言は、どこまでホンネなのかはわからないものの、「モリゾウ」と自称し、カーレーサーとして社長就任後もハンドルを握りつづける覚悟に由来しているのかもしれない。

この「モリゾウ」なる呼び名は、中日新聞記者の宮本隆彦によれば、二〇〇七年にドイツで開催された耐久レースに出場する際、「危険なのに立場が分かっていない」「道楽だ」といった批判を少しでもやわらげるために使い始めたという（宮本 2018: 32）。社長として一〇年過ごし、しかも、ドライバーとしても奔放に走り回る日々の中で、七七歳での死去を公言する。同時に、トヨタ社内部の幹部人事制度改革として、四〇代でも要職に就けるよう、二〇一八年に定める。プライベートでの覚悟と、社長としての制度変更は、ともに、豊田章男の長男・大輔への「世襲」を念頭に置いていた。そう報じられている。[10]

残された約一五年の寿命のなかで、レーサーとして危険をおかしつづける。それとともに、社長の権限として自分の長男に合法的に「世襲」させられるよう仕組みをととのえる。

ここに本書でいう「無邪気な個人主義」を見いだせよう。

この両面作戦を進める章男、そして豊田家は、松下家とは異なる。老獪な仕方での「世襲」を続けてきた豊田家「らしさ」であるといえよう。では、その「らしさ」とは何か。それは、豊田章男の露出の少なさに目を移すことで明らかになる。

章男の露出、そして、豊田家「らしさ」

先に触れたように、トヨタは、というよりも、豊田章男は、二〇一九年元日から始めた『トヨタイムズ』に入れこんでいる。章男はメディア好きに見える。「モリゾウ」と名乗り、日本に限らず世界中からの取材に積極的に応じているし、また、さまざまな機会（米国のバブソン大学卒業式でのスピーチ）[11]をとらえてメディア露出に余念がないように映る。

この『トヨタイムズ』は、俳優・香川照之を編集長に起用し、彼に世界のトヨタ関連施設を訪問させるなど、「取材」をさせた様子を動画としてアップロードしている。章男のコメントやメッセージもまた頻繁に掲載されており、同社の並並ならぬ熱量を感じさせる。

だからといって、章男は昔からメディア好きだったとは言えない。四〇年近く前のトヨタ入社以来、章男自身のことばが直接語られる機会はすくないからである。たとえば、一九八四年の春、章男のトヨタ入社は、その一ヶ月後、しかも、五月の連休中日の五月四日に日経産業新聞が報じる。日本経済新聞ではない。日経産業新聞に、ベタ記事で報じせた（であろう）ところに、章男とメディアの関係が象徴されている。

トヨタ自動車という会社としてだけではなく、豊田章男個人としても、その入社をあまりおおやけにしたくはない。どちらかと言えば、ひっそりと済ませたい。ただ、そうは行かないので、報道され（たことにす）れば認めるしかない。このジレンマそのものも、いつかどこかでは明らかにされてしまう。

豊田章男とメディアの関係は、いつも、こうした綱引きのなかにある。この関係こそ、先に触れた豊田家「らしさ」、つまり、世襲を至上命題としつつ、それを公言しない姿勢につうじる。それとともに、豊田家の人間を筆頭に、トヨタ内部の人間は、いつも世襲を否定し、公式には実力による社長就任という体（てい）をとり続けるのもまた、「らしさ」につうじる。

では、なぜ、こうした「らしさ」が生まれたのだろうか。その理由は、豊田家の血筋に由来する。豊田家は、松下家とは異なり、複雑であり、そこから、この「らしさ」が生まれる。別の角度から言えば、豊田家を持ち上げようとしても、その豊田家が、どこの誰を指すのかが、必ずしも明確ではない。松下幸之助というカリスマに依存せざるを得ない松下家とは対照的に、豊田家にはいくつかの血筋がある。

豊田自動織機の創業者・佐吉の息子・喜一郎が自動車製造をはじめる。その息子が章一郎であり、章男の父にあたる。章男を「三代目」と呼べる。創業家の血縁は代々続いている。また、喜一郎の従兄弟・英二や、章一郎の弟・達郎も、それぞれ社長を務めている。豊田家が豊田自動車の社長、という点では血の濃さは疑いようがない。裏をかえせば、佐吉以来の一本の血筋だけではなく、トヨタの経営を、大きな豊田家全体で担ってきたといえよう。豊田家以外から社長に就いた人間たちもまた、トヨタと豊田家、その二つを一体のものとして刺させる意識を強く持ってきた。

章男の先代社長の渡辺捷昭の社長就任会見で、当時の会長だった奥田碩は、「豊田家はグループの旗であり求心力という考え方もある」と発言している（日本経済新聞二〇〇五年二月一〇日朝刊）。考え方「も」ある、のであって、奥田は断言しているわけではない。とはいえ、「旗であり求心力」との考え方を認めている。この会見では当時・専務だった章男を露出させず、豊田家以外の人間がその存在に言及する。それによって、「世襲」を一筋縄では認めないように見せかけつつ、副社長昇格を事実上認め、将来の社長就任への道筋を示す。章男をメディアに積極的には露出させず、あくまでも「世襲」を否認する。いっぽうで、章男を社長候補として処遇し続ける。これぞ豊田家「らしさ」といえよう。

本章で示した観点に照らせば、いくつもの始まりをおく。これにより、豊田章男のレーサーとしての活動といった「無邪気な個人主義」を解きはなつ。彼の無邪気さは、「寿命は決めてる」といった覚悟や葛藤につうじる。

トヨタにも松下と同じく、「世襲は古いならわし」か否か、という視点はない。それよりも、「世襲」を否認しつつ、創業家一族を社長候補として扱いつづけることによって、組織を引きしめる。「豊田家はグループの旗であり求心力という考え方もある」という奥田の発言にあらわれている。「世襲は古いならわし」かどうかにとらわれてはいない。この点で、松下電器産業とトヨタ自動車は、組織の論理を同じようにつらぬいているかにみえる。前者は、「ウジ社会」でも「イエ社会」でも「ムラ」でもなく、さらには、その三つの交わるところでもなく、組織の混沌とした争いのなかで、「三代目」を利用し尽くしたかに見えた。しかしいっぽうで、会社としての求心力の低下や、「売上一〇兆円」にこだわる姿勢によって、業績の低迷を指摘される。[12] 後者は、「ウジ社会」「イエ社会」「ムラ」、その三つの理屈の交わるところに「三代目」を置き、創業家にも「無邪気な個人主義」を提供したうえで、組織の都合にあわせて、うまく創業家を利用してきた。

二つの会社のこうした対照的な姿勢は、その企業博物館のたたずまいを見ることによって、さらにあきらかになる。

4 「三代目」と企業博物館

パナソニックミュージアムと松下家

パナソニックは、「パナソニックミュージアム」というくくりで、三つの施設を持っている。

そのひとつ、総面積一万六二〇〇平米にわたる旧本社跡地にソメイヨシノ一九〇本を植え、二〇〇六年四月に開園した「さくら広場」を、二〇一九年の夏、筆者は訪れた。建築家・安藤忠雄の設計により、門真以外にも、千葉県習志野市、神奈川県茅ヶ崎市、大阪府豊中市の合計四箇所に、ほぼ同じような施設を作っている。パナソニックのウェブサイトで安藤は、こう述べる。

桜は人の心をとらえる。なぜか？
古来、わたしたちは自然を愛し、
四季の変化に敏感に生活してきた。
梅や桜の開花時期を心待ちにする国民性は
他国にはない。[13]

桜をもとにしたナショナリズムについて、ここで論じる余裕はない（佐藤 2005）。ここでは、松下幸之助の功績をたたえるだけではなく、「国民性」を持ち出すところに、パナソニックらしさを見つけられるだろう。その妙な仰々しさは、松下家と門真とのつながりを連想させる。

カネの切れ目が縁の切れ目であると、両者ともに骨の髄までわかっているからこそ、安藤忠雄という世界的な建築家を引っぱりだしたのではないか。そればかりか、門真にとどまらず、ほかの場所にも三箇所の「さくら広場」を作り、「地域から、そしてアジア、世界各地へと広がり、地球環境を大切にする思いにつながってほしい」[14]というのではないか。まるで、「さくら広場」の寒々しさを理念で塗り固めようとするかのように、仰々しく飾りつけるのではないか。

それは、「松下幸之助歴史館」と銘打たれた幸之助を讃えるミュージアムにもつうじる。松下幸之助個人を讃えるのであって、松下家という家の継承にはつながらない。彼個人の立身出世に的を絞っている。松下家の他の人々は一切登場しない。しかも、この「松下幸之助歴史館」は、二〇一八年になってようやくできたものである。それまでは、一九六八年の創業五〇周年に合わせてつくられた「松下電器歴史館」という小さな企業博物館しか持っていなかった。

創業一〇〇周年に合わせて、わざわざ松下幸之助だけを切り離し、記念している。ときあたかも二〇一九年に、松下正幸がパナソニックの取締役から外れる。「松下幸之助歴史館」の新設は、パナソニックから松下家にたいする餞別であり、わかれの挨拶に映る。

筆者が、このパナソニックミュージアムを訪れた二〇一九年は、松下幸之助が逝去してから三〇年、そして、その孫・正幸が同社の取締役を外れた年だった。季節は夏で、炎天下にもかかわらず三人の老人が草むしりをしていた。筆者は目を疑った。この酷暑(当日、八月五日の門真市の最高気温は、三六・九度)にもかかわらず、なぜ、わざわざ草むしりをするのか。黙々と草むしりをする老人と、僧侶が談笑している。松下幸之助の心の支えだった加藤大観をしのぶ「大観堂」の僧侶だろう。昼休みに入っても、暑さゆえに、誰ひとり、その広場で昼食をとるものはいない。

また、「松下幸之助歴史館」には、社員証をかざす端末がある。「個人認証はしない」とわざわざ書いてある。仮にそうだとしても、ではなぜ、入館料無料の施設で、社員証をかざして、そのログ（記録）をとる必要があるのか。その端末が、わたしには、創業家派（という人たちがいるとして）をあぶりだすための目印に見えた。

パナソニックミュージアムのもうひとつの施設である「ものづくりイズム館」も同じである。同社と創業家の関係を象徴している。そう、わたしには見えた。筆者の訪問時は、中国人観光客と、夏休みの自由研究のネタ探しと思しき小学生とその親が数名いる程度だった。「ものづくりイズム館」は、あくまでもパナソニックの展示館であって、「ものづくり」という抽象性は薄い。「ものづくりイズム」は、松下幸之助からつづく同社の精神であり、その精神のあらわれとして、同社のさまざまな製品があるのだというのは、理屈としては正しい。けれども、パナソニックという現在の社名から過去を振りかえって歴史を整えることだけを目的としているかのような展示では、人を惹きつけられまい。

入場料は無料とはいえ、パナソニックのショールームを見るためだけに、わざわざ京阪電鉄の普通が一〇分おきにしか停まらない駅で降り、歩いて訪れる人は、どれほどいるのだろうか。

トヨタ自動車の博物館・記念館

「三代目」と企業博物館の関係をめぐっては、トヨタ自動車とパナソニックとの比較において示唆を得られる。

トヨタ自動車は、「トヨタ博物館」と「トヨタ産業技術記念館」という大きな企業博物館を二つ持っている。

前者は、「トヨタ」を掲げているものの、同社の本社のある豊田市にはない。となりの愛知県長久手市の丘陵地にあり、トヨタ自動車本社からは、車で三〇分程度の距離にある。トヨタ自動車創立五〇周年を記念して開館したのは一九八九年四月であり、偶然ながらその月に松下幸之助は亡くなっている。「トヨタ博物館」の最大の特徴は、その展示品を、トヨタ自動車製品に限定しないところにある。「世界の自動車とクルマ文化の歴史をご紹介する」[15]のであり、トヨタ自動車はもちろん、豊田家の足跡も、ほとんどたどれない。古今東西、一四〇台ものクルマを展示し、動態保存してあるので、ときには、実際に展示品に乗って走ることもできる。

もうひとつの「トヨタ産業技術記念館」もまた、豊田市にはない。名古屋市西区という名古屋駅からもほど近い場所（徒歩圏内）に位置し、日本人だけではなく外国人観光客にも人気を博している。この「産業技術記念館」は、豊田佐吉ゆかりの地にありながら、豊田家を讃える要素は薄い。豊田自動織布工場の跡地にあるため、繊維産業館と自動車館にわかれており、一族ゆかりの品を展示する「トヨタグループ館」もある以上、豊田家カラーを少し見せる。「トヨタ博物館」とは異なり、自動車館で展示されているのは、トヨタ自動車製品に限られる。とはいえ、ここもまた、「産業技術」をうたうとおり、目的をつぎのように書いている。

往時の様子をとどめる豊田自動織機製作所栄生工場（豊田紡織より移譲）を産業遺産として保存しながら、近代日本の発展を支えた基幹産業の一つである繊維機械と、現代を開拓し続ける自動車の技術の変遷を通して、日本の産業技術史について次代を担う人たちへ系統的に紹介するための施設です。[16]

豊田の一族や、豊田佐吉という個人崇拝をメインの目的としてはいない。「日本の産業技術史」の一ページを語ろうとしている。ウィキペディアや各種旅行情報サイトでの、同館への評価は高い。トヨタ自動車という世界的な大企業の歴史がわかるだけではなく、日本の「モノづくり」（「トヨタ産業技術記念館」の表記）の大切さを実感させてくれる。この点で、訪れるに値するからにちがいない（もちろん、名古屋駅からのアクセスの良さもあるだろう）。

「トヨタ博物館」を作った一九八九年は、豊田章男の入社五年後であり、また、「トヨタ産業技術記念館」を作った一九九四年は、その二年前に、章男の父・章一郎が会長に退いている。豊田家の節目に合わせるように、ミュージアムを整備している。まるで、豊田家は未来永劫続くのだと宣言するかのごとく、ミュージアムを立てつづけに開く。

トヨタ自動車の持つ二つのミュージアムは、ともに有料であり、しかも豊田市に置いていないという点においてパナソニックとの対比において興味ぶかい。

パナソニックは、松下家と縁を切ろうとして、カネの切れ目が縁の切れ目だとでも言うように、松下幸之助個人だけを奉る。そのミュージアムは、あくまでも門真になければならないし、無料の形だけの箱でなければならない。わざわざ有料で訪れるものなどいない、とでも言うように。

これにたいしてトヨタ自動車は、豊田家の威光を、直接には称えない。まず「トヨタ博物館」をつくる。日米欧、世界のクルマをあえてたくさん並べたうえで、そのなかでこそ自社製品の優位性を誇れると考えたのだろう。そして、その製品を生み出しつづける創業家の威厳を高められると、もくろんだのだろう。さらにその博物館は、豊田市ではなく、となりの長久手市に置かなければならない。

筆者の取材にたいしてトヨタ自動車の関係者は「土地が確保できなかった」と話していたが、豊田市との力関係に鑑みれば、方便にすぎないとわかる。土地の問題というのは、土地とトヨタ自動車、イコール、同家との関係である。豊田市に博物館を置けば、同市は、自動車生産の現場ではなくなる。豊田市は、トヨタ自動車という会社の土地でなければならず、豊田家という創業家との縁を表だっては見せるのは得策ではない。

だから、豊田一族の偉業を褒める施設（「トヨタ産業技術記念館」）は、名古屋市内に作らなければならない。しかも、駅から至近で、大勢の観光客が訪れる場所に、あえて、歴史の重さ（工場の由来）を前面に押しだしたうえで、つくらなければならない。

松下家と、事情はまったく異なる。

松下家とパナソニックは、カネに基づくドライな打算の関係にあった。松下家で崇められるのは、幸之助ひとりでなければならない。松下家は、「三代目」の正幸にして、そのポジションに甘んじ、取締役から外れるほかなかった。

対照的に豊田家は、一族まるごと豊田市からもトヨタ自動車からも尊敬と崇拝を集めなければならない。それゆえに、誰もがトヨタ自動車の社長には豊田家の人間が就くと了解している。にもかかわらず、もしくは、了解しているがゆえに、「世襲」などどこ吹く風という雰囲気を醸しだす。豊田家を祀るかのような施設は、豊田市には作らせない。豊田家は、そうした狡猾な戦略のもとに、「三代目」を社長に就任させたのであり、身内の社員から世襲批判発言が出るわけがない。この点でも、松下家とパナソニックとの関係と大いに異なる。

本章で見てきたように、その異なり方を、現在のわれわれは目にしている。それぞれの「三代目」、つまり、松下正幸と豊田章男をめぐる、さまざまな環境と状況に、その異なり方があらわれている。

本章では、第2章と第3章で示したわくぐみにそって、ふたつの企業における「三代目」をみてきた。ともに「世襲は古いならわし」という観念にとらわれてはいない。にもかかわらず、あるいは、であればこそ、ともに「三代目」を企業の論理に都合よく利用し尽くした。いっぽうは「三代目」を結節点にして創業家を捨てさり、他方は「三代目」を結び目にして、ますます創業家を使いつづけている。「三代目」は、本書冒頭から示しているように、自由に設定できるのであり、その自由さは、企業組織にとっても同じである。

松下正幸や豊田章男というひとりひとりの葛藤をも、会社は使いたおす。それは、日本が、『近代・組織・資本主義』という佐藤俊樹の書名にある三つの概念を受けいれる過程において見つけたやり方である。

本章で見てきた二つの会社における「世襲」のありようは、「三代目」という共通の分かれ目において観察できる。日本経済の歴史も、さらには、本章では触れられなかったものの、日本の地方都市の履歴までも含むような、大がかりな視野を開かせてくれる。ここにおいてもまた、「三代目」は近代日本を見るタグである。

本書で示している「あてどのなさ」という点はここにもつうじる。

「生まれ／育ち」と、「世襲／たたきあげ」、このふたつの比較を、企業という組織は、意図的に混同する。前者は「能力」を、後者は「適正」を、それぞれもとにする。本章でみたように、松下もトヨタも、「能力」だけでも「適正」だけでも、「三代目」を判断していない。

「能力」も「適正」もどちらも伴なわない場合がある。それが松下正幸のケースだった。豊田章男は、「能力」よりも、社内をまとめる「適正」において評価された。「能力」の評価を重視するなら、わかりやすい。古くさいものにとらわれていない証拠になる。あるいは逆に「適正」に重きをおいたとしても、近代日本の遅れを示すものとして、これもわかりやすい。

けれども、本章でみたふたつの大企業に象徴されるように、近代日本の行きついた現在地では、「能力」と「適正」、そのどちらかだけを優先させてはいない。原理原則を欠いている。その点を

「あてどのなさ」と、本書はあらわしている。

「能力か適正か」という問いよりも前に、そもそも経営者は、身を引くことができるのだろうか。世襲を考えるための補助線として、つぎに、「経営者は引退できるのか」という問いについて考えてみよう。

補章2

経営者は引退できるのか

1 「三代目」と経営者

経営者の引退

「世襲／たたきあげ」、そのどちらをとるのか。もしくは、「能力」と「適正」、そのどちらを優先するのか。この問いへの答えを簡単には見つけられない。そうした「あてどのなさ」を近代日本の特徴とみる。こうした本書の立場にとって、経営者の世襲や、その前段階となる引退は、どんな意味を持つのか。整理しよう。

「経営者の引退」は、みずからの血筋にかんする見方にかぎらない視点を与えてくれる。経営者は、利益を追いもとめる会社の責任者だからであり、自由気ままに身を引けないからである。近代日本で、多くの人は、みずからの「三代目」たる意義を位置づける自由がある。であればこそ、一円でも多くの利潤を会社にもたらし、組織を一日でも長くつづけなければならない経営者は、やすやすと引退するわけにはいかない。

そこで、「経営者の引退」を考えるうえで参考になるのは、「会社はだれのものか？」という問いである。[1] この問いは、二〇〇五年、ライブドアによるフジテレビの経営権をめぐる動きのなかで浮上した。ここから、「経営者は、引退できるのか？」を考えよう。[2]
この問いへの答えをさぐるうちに、「三代目」をめぐる「世襲」についての見通しを得られるだろう。『会社はこれからどうなるのか』等で経済学者の岩井克人が提起した、会社をめぐる議論を、佐藤俊樹はつぎのように整理している。

> 岩井は会社を純粋なモノでもあり純粋なヒトでもあるとするが、法人論争に決着をつけないまま、会社法を技術的にあつかうようになった時点で、会社は純粋な何かであることをやめたのではないか。あえていえば、会社は純粋なモノでもヒトでもなくなったのだ。（佐藤 2003: 96）

そうした「複数のヒト性とモノ性」（佐藤 2003: 102）が、「会社とは何か？」への答えにもなると、佐藤は述べる。こうした複雑さは、会社の経営者にもあてはまる。経営者の引退そのものが、簡単にはわりきれない。「経営者は、引退できるのか？」との問いに対して、シンプルな答えを出しづらい。

たしかに、経営者は引退する。年齢であったり、体力であったり、あるいは、クーデターであったり、業績不振であったり、さまざまな理由で引退する。にもかかわらず、経営者は、なかなか簡単には引退できない。経営者の名を成せばなすほど、後進に道を譲るのは難しい。

二〇一九年一一月に逮捕され、その後起訴されたものの、レバノンに「逃亡」したカルロス・

ゴーン被告の例をみよう。彼は、いまから二〇年ほど前、一九九九年から日産自動車の経営者として、「コストカッター」という呼び名そのままに同社を再建し、世界に名をとどろかせる。経営者ゆえに得た地位と報酬と名誉をもとに、ワールドクラスのセレブに成りあがる。そして、そのセレブぶりが、逮捕以来一転してさまざまなメディアでバッシングされる。二〇年近くにわたって日産に君臨しただけでなく、本国フランスのルノーや、三菱自動車までもを手中に収める。年齢は六六歳にすぎない。日本の「社長」の平均年齢は、近年、五九・七歳（帝国データバンク調べ）[3]や、六一・四五歳（東京商工リサーチ調べ）[4]と、いずれも過去最高年齢を更新している。ゴーン被告は、日本における「社長」のなかでは、平均よりもやや高い程度にとどまる。

ゴーン被告には、年齢を理由に経営者の引退を迫られる筋合いはない。西川廣人社長（当時）をはじめとする日産自動車生え抜きメンバーによるクーデター説を、ゴーンのみならず信じたくなるのはやむをえない。

ここで試みたいのは、ゴーン被告の逮捕や「逃亡」をめぐる「噂の真相」の検証ではない。さまざまな経営者の引退の列挙でもない。「世襲」の前提となる「経営者の引退」を考えてみたい。結論は、クリアカットではないかもしれないものの、「三代目」を考える補助線になるにはちがいない。

2　経営者は、なぜ引退するのか？

経営者は、自分から辞めるか、他人から辞めさせられるのか、そのどちらかである。この二つにわけられそうで、わけにくいところに、経営者の引退をめぐる難しさがある。

手はじめに、「経営者の引退」を腑分けしてみよう。

ゴーン被告のように、逮捕されて無理やり退場させられるケースもあるとはいえ、珍しい。一九九七年に自主廃業に追い込まれた山一證券にしても、責任者たちへの刑事責任追及は、退任後になされている。

引退する理由は、自分と他人、の大きく二つにわけられる。それぞれ**自発型**と**強制型**、と呼ぼう。自らの意思で経営者の地位から退くのか、あるいは、外からの圧力によっておろされるのか、その二つにわけられる。逮捕による経営者の交代は、後者にあたる。前者についていえば、体力が衰えて、たとえば、会議に出られなくなる、言葉を発するのが難しくなる。肉体の面で経営者の業務を果たせなくなる。そうした場合が考えられる。体力の限界を理由に身を引くのは、スポーツ選手にかぎらない。くわえて、こころの面も原因になる。経営者にふさわしい闘志を燃やせなくなると、たとえ金銭や地位・名声があったとしても、続けられない。

自発型には、つぎの人間にその立場を譲る選択肢がある。世襲にせよ、信頼を置く部下や、その他の人間にせよ、誰かに経営者の地位を受け渡す。地位にしがみつくよりも、美しい世代交代を望んでいる経営者は少なくない。

これにたいして後者の、強制型の引退には、クーデターや解任といった幕切れもあれば、経営悪化や不祥事の責任をとる辞任もある。経営者本人は、まだまだ続けたいにもかかわらず、彼や彼女以外の周囲や環境がそれを許さない。経営者本人にとっては無念だろう。

しかしながら、こうして二つにわけようと試みても、クリアにはできない。「経営者の引退」は難しい。自発型と強制型は、相反するのではなく、お互いに入りくんでいる。みずからのイニシアティブによる引退と、他人によって降ろされる退任は、きっぱりとわけられない。そこに、経営者の引き際にまつわる困難がある。その点を、二〇一六年におきたセブン－イレブンでの交代劇にみよう。

3　経営者は、いかにして引退するか？

自発型の引退

二〇一六年に起きたセブン&アイ・ホールディングスの経営者交代は、ひとまず**自発型**だといえよう。日本における生活のインフラともいうべきコンビニの最王手・セブン－イレブンを舞台にした交代劇は、経営者の引退をめぐる難しさをあらわしている。

同年四月七日、当時、同社の会長兼ＣＥＯ（最高経営責任者）を務めていた鈴木敏文は、取締役会で、子会社のセブン‐イレブン・ジャパンの井阪隆一社長に対する退任要求を提案する。この二日前に開かれた指名・報酬委員会でも、同じ提案が拒否されていたため、同日も提案の承認は難しいと予想されていた。その結果、賛成七票、反対六票、白票二票の意思表示がなされ、鈴木は、退任を決意する。株主の総意ではないものの、取締役会の方針により、会長の提案に対して過半数を取らせなかった。長く日本経済新聞経済部で活躍し、「伝説の記者」といわれた永野健二は、この事態についてつぎのように述べている。

> セブン‐イレブンの成長と収益力によって、社内で盤石・絶対の体制を築いてきた鈴木敏文にしてみれば、みずからが選択して育ててきたと思っていた井阪隆一に対する解任提案に、過半数どころか一票でも反対票を入れる役員が存在することは許せなかった（永野 2018: 98）。

この鈴木の退任はわかりにくい。なぜ、わざわざ自分が育ててきた井阪隆一の解任を提案するのか。簡単には解せない。背景には、セブン‐イレブンの生みの親であるイトーヨーカ堂の創立者・伊藤雅俊と鈴木敏文との対立がある。

大手スーパー・イトーヨーカ堂の前身は、一九二〇年に彼の叔父が東京・千住に開いた羊華堂洋品店である。その店を、一九二四年生まれの伊藤雅俊が、終戦直後に二坪の借地から再興し、一九五八年、三〇代前半で社長に就任する。その五年後、一九三二年生まれの鈴木敏文が出版取次の東京出版販売（現在のトーハン）から転職する。そこから一一年後の一九七四年に、セブン‐イレブンの一号店を開く。

鈴木は、一九七八年にはセブン‐イレブン・ジャパンの社長、一九八五年にはイトーヨーカ堂の副社長に就任する。永野健二によると、一九八二年ごろ伊藤は鈴木に「経営の執行のすべてを委ねた」[5]とされている。当時、鈴木は五〇歳であり、このときのバトンタッチは伊藤の意図したかたちではない。「総会屋との交際や土地取引を調べた検察や警察が事実把握をしたうえで、伊藤に退任を求めたといわれる」（永野 2018: 91）。その一〇年後の一九九二年には、総会屋への利益供与の疑いでイトーヨーカ堂幹部が逮捕され、伊藤は引責辞任し、鈴木が名実ともにトップに就く。

伊藤は、鈴木の経営に口を出さなかった。「ヨーカ堂のハトの看板をセブン&アイに変えたり、創業の北千住店を閉鎖したり創業家を否定するような事案までも伊藤氏は黙認してきた」[6]。黙認は、セブン‐イレブンとイトーヨーカ堂の強さのみなもとになる。「資本家と経営者という立場を守る薄氷の上にあり、いつ壊れてもおかしくない緊張感がセブン&アイの強さの源泉でもあった」[7]。

鈴木は、伊藤の長男登用を阻止、つまりは世襲に反対していたが、次男の康弘をセブン&アイの取締役、さらには、最高情報責任者（CIO）にまで登用する。伊藤は、経営者のイスを鈴木に譲り、世襲を我慢してきた。それなのに鈴木は、堂々と二世（二代目）を重用する。その果てに、二代目・鈴木康弘の担当するネット事業は五期連続の赤字を計上する。

サラリーマン経営者の引退

こうした積年の、おのおのの企業観・経営観の違いから、二人は刺しちがえる。鈴木敏文は、井阪の退任を求める数年前から、そのプランを練っていたとされる。井阪の経営能力に疑問を持っていたとされる。伊藤と鈴木の対立は、井阪の人事が決定打ではない。というよりも、鈴木による井阪の退任要求をダシにして、伊藤は、鈴木を追い出そうとしたと理解すると、納得できよう。

伊藤は、この要求を奇禍として、鈴木の耄碌(もくろく)ぶりを社内外に印象づけ、追いはらおうとする。鈴木は、みずから育てた井阪を、これまたみずから退かせようとくわだてている。しかも鈴木は八〇歳を超え、すでに三〇年以上にわたって経営者の座に君臨している。その老害ぶりを浮きぼりにする絶好のチャンスととらえ、井阪への退任要求を利用する。

セブン－イレブンの騒動には、三人の経営者の引退がかかわっている。伊藤雅俊から鈴木敏文へ、そして、井阪隆一にいたる三代のバトンタッチは、いずれもスムーズではない。

それどころか、禍根を残している。

伊藤は、外様の鈴木に乗っとられるかたちで経営権を渡し、資本家の立場に退く。サラリーマン経営者の鈴木は、三〇年以上にわたって君臨し、自分が選び育てた後継者たる井阪を放りだそうとする。これに乗じて、九〇歳を超えた伊藤は、八歳年下の鈴木と対立する。

外側だけをみれば、伊藤も鈴木も、ともにみずから身を引いたように映る。

じっさい、伊藤は、「世間をお騒がせして深くおわびしたい」と、一九九二年一〇月二九日の記者会見で述べている。[8] 引責辞任であるから、強制型の辞め方だと位置づけられそうなものの、無理強いされて退いているのではない。あくまでも伊藤みずからの意思によって、社長から降りたと強調している。自発型の辞め方だとも考えられる。鈴木も同じである。二〇一六年四月七日に開いた記者会見で、退任を決意した経緯について、先述の取締役会での井阪社長退任要求の否決をきっかけとしているとしたうえで、つぎのように述べている。

私としては社内の取締役からも反対票が出るようならもはや信任されていないと考えていた。(…)(伊藤氏とは)今までずっと良好な関係にあったが、信頼関係が急変した。提案も了承されてきたが、今回それが得られなかったのは世代が変わったということだ。抽象的だがそれで判断してもらいたい。[9]

社内から引きずりおろされたわけではない。鈴木敏文会長に対する退任要求は出されていないし、井阪を退任させる提案についても否決されたとはいえ、賛成七票、反対六票、白票二票であり、完敗とまではいえない。けれども鈴木は、みずから退任している。

経営を悪化させたわけでもない。伊藤のような不祥事による引責でもない。経営者として、育てたはずの後継者を自分から辞めさせようとする提案は、身勝手にみえる。井阪以外にも、過去に候補に挙がった人物を、つぎつぎに放りだしてきた振るまいもまた、独裁者との批判に値する。次男に重責を担わせるのは、世襲にほかならない。かといって、いずれも、取締役会などで諫めれば済む程度であって、わざわざ経営者を引退するほどの悪行ではない。

鈴木の辞任は、形だけなら自発型の引退だと判断できる。彼の引退は、辞任として承認されている。ここに、経営者の引退をめぐる難しさが集約されている。みずから辞めているはずなのに、内実は、外からの強制力によって地位を手ばなしている。自発型と強制型と、ひとまずわけてみるものの、その実、どちらかをクリアカットには決められない。そんなあいまいな、とらえどころのない性格を、経営者の引退は持っている。

このあいまいさは、会社が、単純な「ヒト」でもなく、単純な「モノ」でもない、そんなアモルファスな、非定形さに由来する。このあいまいさこそ、本書でいう「あてどのなさ」である。キレイには決められない。そんな近代日本の現在地をしめしている。

つぎに、今度は逆に、いっけんするとクリアな経営者の引退を取りあげよう。

4　世襲をめぐる背景

中小企業のいま

そのまえに、なぜ、「三代目」をめぐって「世襲」を考えるのかについて、その背景を確かめておこう。いまの日本において、経営者は、いかにして、会社をバトンとしてつなげるのか。

二〇〇七年からの一〇年のあいだに、自営業者の数は八六一万人から六七九万人へと大きく減っている。[10] また、日本で働く全従業員数四七九四万人のうち、中小企業で働く割合は、七〇・一％にのぼり、事業者数では、九九・七％にあたる三八〇九万が中小企業にあたる。[11]

中小企業法における「中小企業」は、製造業その他において資本金三億円以下、または、従業員数三〇〇人以下などと定義されている。ここでは、業種に応じてわけるよりも、近年の日本における中小企業向け政策のポイントをみたい。それは、事業承継、すなわち、いかにして会社を継がせるか、つづけるか、という点にほかならない。

二〇一九年九月に日本政策金融公庫総合研究所の実施した「中小企業の事業承継に関するインターネット調査」によると、後継者が決まっており後継者本人も承諾している「決定企業」[12] は一二・五％にとどまる。[13] 多くの中小企業に、後継ぎはいないか、あるいは、会社の事業を引き継ぐ先を決められていない。このまま放置してはおけない。そんな危機感は、中小企業向け政策の担当者に共有されている。

国策としての事業継承

中小企業庁の安藤久佳長官（当時）は、平成三〇（二〇一八）年の年頭所感で、危惧を表明している。

今後10年の間に、70歳（平均引退年齢）を超える中小企業・小規模事業者の経営者は約245万人となり、うち約半数の127万人（日本企業全体の1／3）が後継者未定です。

現状を放置すると、中小企業・小規模事業者廃業の急増により、2025年頃までの10年間累計で約650万人の雇用、約22兆円のGDPが失われる可能性があります。[14]

日本の名目GDPは、直近の年次経済財政報告によると、名目で五五〇兆円程度[15]である。安藤の挙げた数字は単年度ではないものの、中小企業の後継者不足は、日本のGDP四%に匹敵する損失を生んでいる、と述べる。彼は、翌年、その翌年の年頭所感でも、こうした認識を続けてあきらかにしたうえで、同庁の対策について強調する。

第一に、経営者の高齢化は大きな課題です。2025年には経営者の6割が70歳を超え、多くの中小企業が廃業する結果、約650万人の雇用が失われるとの分析もあります。実際、事業者数は年間10万者程度のペースで減少しつつあり、足下では358万者まで減少しています。こうした「待ったなし」の課題に対して、早め早めの円滑な事業承継は有効な解決策の一つです。

このため、平成30年度税制改正では、事業承継時の贈与税・相続税の支払い負担を実質ゼロにするなど、法人の事業承継税制の抜本的な拡充を行いました。お陰様で足元の申請件数は昨年度の約10倍に迫る勢いです。来年度は更に個人事業者の事業承継を後押しするため、10年間の時限で、土地、建物、機械・器具備品等の承継時の贈与税・相続税の支払い負担を実質ゼロにする制度を創設します。これらの措置により事業承継税制は完成しました。[16]

「待ったなし」の課題であり、「事業承継税制は完成」したから、中小企業向け政策を所管する自分たちの役割は果たした、と胸を張っているのだろうか。国の政策として、中小企業の「円滑な事業承継」に重点を置いている様子は確かめられる。

さらに、国税庁による会社標本調査の最新結果（平成三〇年実施分）をみると、日本の法人企業約二七三万社のうち、九六・六%、いわば、ほとんどは同族会社（九六・四%）か特定同族会社（〇・二%）に分類されている。[17] この「同族会社」については、法人税法上の定義を細かく見なければならない。その点は「中小企業」と共通する。ただ、日本における少なくない企業が、事業承継において、親子や親族間での、いわゆる世襲に直面する可能性が高い。その現状をつかんでおけばよい。[18] 問題は、もはや「世襲」をできるかどうか、という段階をすぎている。

先に引いた中小企業庁長官の発言にみられるとおり、世襲であろうとなかろうと、もはや日本企業の三分の一にあたる一二七万人の経営者が、後継者をみつけられていない。「世襲」という選択肢を持っているのは、とても恵まれた部類であって、猫の手を借りてでも、何とか事業をつなげたいと、一〇〇万人を超える経営者は願っている。世襲を考えられるだけでも、かなり幸福なケースである。本章の問いに照らせば、一二七万人もの経営者が引退できない状況に置かれていた。後進に道を譲れないまま、廃業という引退を迎えるほかないとみられていた。

　背景にあるのは、会社の「複数のヒト性とモノ性」である。単なるモノとして、会社を引き渡せるのであれば、後継者不足はおきない。さまざまなモノ性ゆえに、事業承継は困難になる。ヒト性についても同じことをいえよう。こうした、「世襲」をめぐる現在の社会背景を確認したところで、先に述べた、いっけんするとクリアな経営者の引退を取りあげる。

5　「世襲」をさせない引退

ヤマト・小倉昌男の場合

　物流、とくに、宅配便は、コンビニと並んで、現代日本における必須の生活インフラである。なかでも「宅急便」という商標をもち、郵便以外の物流インフラをつくりあげたヤマト運輸は、「経営者の引退」という面でも特筆に値する。

　ジャーナリストの森健による『小倉昌男　祈りと経営』は、ヤマト運輸の経営者だった小倉昌男の退任後に焦点をしぼっている。森は、「退任後、なぜ彼はほとんどの私財を投じて福祉の世界へ入ったのか（…）どうしてもわからなかった」（森 2016: 12）としたうえで、その疑問をベースに、関係者に深く取材している。

ヤマト運輸は、小倉昌男の父・康臣が、一九一九年に銀座で興した貨物輸送の会社・大和運輸にはじまる。昌男は、戸籍上は次男であるものの、兄は幼少時に玉川上水に落ちて亡くなっており、長男同様だったという。[19] 東京大学経済学部を卒業後、一九四八年に昌男は同社に入り、一九七一年、四六歳のとき社長に就任する。同社創立五〇周年にあたる一九六九年七月に、父・康臣は脳梗塞で倒れ、車イス生活を余儀なくされており、「会社はガタガタの状態だが、時期が悪いなどと嘆いている暇はなかった。再建するしかない」[20]と決意を胸にしている。

小倉昌男は、「世襲」という意識もなく、さりとて二代目のボンボンらしくのほほんと社長のイスに座ったわけでもなく、悲壮感を漂わせていたのだろう。新規採用を中止したり、臨時社員を辞めさせたりして、一九七三年には六五〇〇人だった社員数を二年間で一〇〇〇人減らしたという。[21]身を切る思いで経営にあたってきたから、昌男は「世襲」については否定していたと、森は記している(森 2016: 204)。事実、一九九一年六月に昌男は、代表取締役を辞めて相談役になり、その後、一九九三年六月に再び会長職に戻るものの、一九九五年六月には、完全にヤマト運輸の役職から引退している。

そのプロセスに世襲を検討した形跡はない。この時点では、長男の康嗣はヤマト運輸に入社していたとはいえ、まだ日は浅く、とても経営者を任せられなかったともいえるし、そもそも、昌男にその気がなかったともみられる。

昌男は、そこで、福祉に注力していくのだし、その熱意の理由については、森の本にあたってもらいたい。本書では、昌男の長男・康嗣によるつぎのような話にフォーカスしたい。

小学校のとき、父の仕事というテーマで絵を描いたんです。そのとき、私はダンプカーの絵を描いた。もって帰ったら、父が『うちはダンプはやってないぞ』と言った。父も自分の仕事を語っていなかったし、私もどんな仕事かわかっていなかったんです。それくらい、父は家では寡黙でした。（森 2012: 305）

親子と会社

父の仕事を間違えるほど疎遠だった康嗣は、一九六〇年生まれ、慶應義塾大学卒業後に、大日本印刷に就職する。そこに父からの指示や注文はなかったという。一九八九年にヤマトに転職し、昌男の二〇〇五年の死去後、ヤマト運輸の社長に就任する。その二年後には社長付となり、米国に留学したまま、日本に戻らず、二〇一一年に米国ヤマト運輸の社長に就いている。ところが、二〇一五年八月一日付で、同社の社長も退任し、ヤマトグループそのものから離れる。

こうした康嗣の人生の転機について、森はつぎのように描写している。

その時点ではいまはまだ語れないし、今後のこともこれから考えるという答えだった。一つ

だけ確かだったのは、表情にいわゆる〝吹っ切れた〟感覚があったことだった。（森 2012: 269）

小倉昌男は、エリートコースの東京大学経済学部を卒業しながらも、父親の創業した会社に入り、そして、苦境のときに引きつぐ。その後、「宅急便」を築きあげ、さらには、退任後に福祉に全精力を傾ける。八〇年にわたる人生の中で、事業を自分の息子に継がせる、という選択肢はみえない。すくなくとも、彼の名前で『日本経済新聞』に連載され、その後、書籍化された「私の履歴書」からはうかがえない。

これだけではない。

長男・康嗣もまた、新卒ではヤマト運輸に就職せず、そのあと、父・昌男の右腕だった都築幹彦社長（当時）の助言もあって同社に転職し、社長に就任したものの、すでにグループそのものから、身を引いている。小倉昌男は、世襲をさせず、そして、一時的に世襲をした長男・康嗣もまた、数年ののち、会社そのものから完全に離れる。この父と子は、「世襲」なるコミュニケーションからは無縁であり、その一端は、長男が小学生の頃に描いたダンプカーに象徴されている。「世襲」をさせない経営者の引退は、先にみたセブン‐イレブンでのお家騒動とは、似ても似つかない。

小倉親子は、会社を「モノ」ではなく、「ヒト」としてとらえていたからこそ「世襲」について、ともに否定した。

こうした事例をふまえて、最後に、経営者は、引退できるのか、という問いへの答えを試みたい。

6　経営者は、どのように引退を迎えるのか？

プロ経営者の引退

「プロ経営者」なる職業（？）が、近年の日本では取りざたされる。食品メーカーのカルビーを再建した松本晃や、日本マクドナルドの社長を務めた原田永幸を指している。

彼らは、生え抜きの社員あがり（たたきあげ）でもなければ、創業者一族の「世襲」でもない。会社のしがらみにとらわれず、経営者の視点と立場に徹して、プロとしての任務の遂行を求められている。結果を出せば、さらなるステップアップを果たす。そして、いくつもの企業を、経営者の看板を背負って渡り歩く。松本晃は、カルビーでの実績をひっさげて、ライザップへと転じている。同社のCMコピーさながら「結果にコミットする」姿こそ、プロ経営者だろう。

よって、彼らプロ経営者の引退は、いっけんするときわめてわかりやすい。「結果にコミット」できなければ、みずから引退するほかないし、逆に、できていれば、それを勲章にかかげて引退する。いずれの場合でも、彼らは経営者という立場から転じない。経営者を引退するわけではない。企業や組織の経営者を引退するだけであり、彼らもまた、経営者そのものを引退するのではない。

会社を「モノ」として引き継ごうとしても簡単にはいかず、かといって、「ヒト」のように丁重に扱おうとしても、話は前に進まない。プロ経営者も、本章でみてきた経営者たちと同じように、自発と強制のあいまいなミックスを経なければならない。やはり、経営者の引退は、プロであっても難しい。経営者とは、たとえサラリーマンあがりにしても、「世襲」にしても、あるいは、プロ経営者にしても、どこまでも引退できない。

本章でみてきたとおり、自発型であろうと、強制型であろうと、経営者は、簡単には引退できない。

逮捕されてあっさりと首にされる場合もあれば、地位にしがみつくときもある。みずからの提案が過半数を得られなかったことを直接の理由として、自分から引退することもある。自発に思われたとしても、強制の要素がある。引きずりおろされたとしても、みずから辞めた形をとる。世襲をさせようとしなくても、さらには、その世襲の対象者にその気があまりなくても、そのプロセスを経る。世襲をさせようと願ったにもかかわらず、死後三〇年を過ぎても果たされなかった、松下幸之助の事例もある。

どの場合でも、そうシンプルには引退できない。本書の問いに答えるとすれば、経営者は、引退できない、と、ひとまずは結論づけられる。

理由は、自発型と強制型の場合分けの難しさだけではない。

経営者という立場の職務内容に由来する。「会社はだれのものか?」という問いに照らせば、会社が、純粋なヒトでもなければ純粋なモノでもなくなったために、そのトップに立つ経営者は、ゆらぎつつ、その反面、安定したポジションにおかれる。経営者もまた、「ヒト」でもなければ「モノ」でもなく、複雑かつ単純な立場にいる。

本書に照らせば、この「ヒト」と「モノ」、どちらかに会社が転じる分岐点こそ「三代目」にある。この点をふまえて、次章の考察に進もう。

第5章

「三代目」の天皇

1　「三代目」の天皇

天皇家における世代と系図から、何が見えるのだろうか。本章のテーマである。その世代と系図は、とぎれることなく、つづいているように思われる。

すくなくとも、天皇家の人びとにとって、「三代目」は自由さの象徴ではない。反対に、世代と系図をめぐる拘束と呪縛にすらなりうる。先代だけではなく先々代から受けつがれている「伝統」や「慣習」は、当代をしばり、身うごきをとりにくくする。

あるいは逆に、先代とのちがいを強く意識しなければならないことも多い。

そもそも、開闢以来、連綿とつづく天皇家にたいして「三代目」を考えることじたい、「不敬」なのではないか。もしくは、神武天皇を初代ととらえなくとも、「天皇家の三代目」は、いまよりもはるか前なのだから、近代日本とはかかわらない。

こういった考えかたもできるだろう。

しかも、本書の述べてきているとおり、みずからを「三代目」と名のれるところこそ、近代日本の自由さを象徴する。とすればなおさら天皇家は、本書とは縁がないようにみえる。

けれども、ここでは、自称ではなく、天皇家を見るわたしたちその自由さを見る。天皇家の外側にいるわたしたちに与えられた、その自由にこそ、近代日本の「無邪気な個人主義」を見なければならない。政治学者の原武史の指摘をかりれば、平成の天皇を、二代前の大正天皇の「三代目」ととらえられる。平成における天皇は、大正天皇と、つぎの二つの点で似ているからである。

ひとつは、「皇太子時代に確立した行啓のスタイルを天皇になっても意識的に続けようとした点」（原 2019: 135）であり、もうひとつは、「明治天皇の権威を求められた大正天皇同様、まだ記憶が色あせなかった昭和天皇のような権威ある天皇を理想とする右派からの、さまざまな反撃をくぐり抜けなければ」（原 2019: 136）ならなかった点である。

二点目にかんしては、平成の天皇と、大正天皇では、ちがう結末にいたる。「平成流」を定着させた前者にたいして、後者は「大正流」を持てなかった。

大正からかぞえて「三代目」としての平成の天皇は、祖父の無念をはらそうとした。大正天皇が目指したものの果たせなかったこと＝大正流の定着、を、みずからの代で果たそうとした。

こうした解釈を、原武史の指摘からひろげられる。

あるいは、いまの、令和の天皇を象徴天皇の「三代目」として受けとめてもよい。

象徴なるものにとまどったにちがいない昭和天皇を初代、象徴天皇像の確立に奔走した平成の陛下を二代目とする。令和の天皇に、「三代目」としての「無邪気な個人主義」を期待する。そうした視点の自由を、わたしたちは持っている。

もちろん、令和の天皇は、「令和流」を見せる機会をまだ持ててはいない。それどころか、新型コロナウィルス感染拡大により、彼にとって二度目の新年一般参賀まで中止になった。令和三年の新年にあたってビデオメッセージをようやく出したものの、それだけでは、存在感をしめすにいたっていない。「三代目」としての自由さを、見せることはできていない。

しかし、本書にとって重要な点は、こうした「三代目」をめぐる、さまざまな思考実験ができるところにある。令和の天皇を「三代目」と呼んだとしても、だれからも、どこからも「不敬」とはののしられないところにある。この自由さこそ、「三代目」の社会としての近代日本の到達点にほかならない。

なぜか。

それは、天皇（家）をめぐって「売家と唐様で書く三代目」との川柳をつかっただけで、「不敬罪」だとして起訴された人がいるからである。しかも、その人物は、「憲政の神様」と呼ばれた、歴史上の偉人・尾崎行雄だからである。

2 「尾崎行雄不敬事件」とはなにか？

一九四二年四月一二日の夜、東京市日本橋にあった有馬国民学校[1]において、衆議院議員選挙に立候補していた田川大吉郎の応援演説に、当時八三歳の尾崎行雄は立つ。そこでつぎのように述べる。

明治天皇が即位の始めに建てられた五ヶ条の御誓文、御同様に日本人と生れた以上は何人と雖も五ヶ条の御誓文は暗記して居なければならぬ筈であります。之が今日明治以後の日本が大層よくなった原因であります。明治以前の日本は大層優れた、天皇陛下が居ってもよい御政治は其の一代だけで、其の次に劣った、天皇陛下が出れば、ばったり止められる。所が、明治天皇がよかった為に、明治天皇がお崩れになって、大正天皇となり、今上天皇となっても国は益々よくなる許りである、普通の言葉であれば之も世界に通じた真理でありますが、「売家と唐様で書く三代目」と申して居ります。大層偉い人が出て、一代で身代を作りましても二代三代となるともう折角作った身代でも家も売らなければならぬ。併ながら手習いだけは流石に金持の息子でありますから手習いだけはしたと見えて立派な字で「売家と唐様で書く三代目」実に天下の真理であります。(「弁士尾崎行雄演説速記録(一九四二・四)」掛川解説 1976: 1099-1100、強調は引用者による。引用にあたってかなづかいをあらためた。以下同様)

この部分だけをとりあげれば、たしかに、昭和の天皇を「折角作った身代でも家も売らなければならぬ」=「三代目」として、「手習いだけは流石に金持の息子」と揶揄している。

しかし、この前段では、「明治天皇はよかった」けれども、二代三代となるとだんだん悪くなる、はずが、「今上天皇となっても国は益々よくなる許り」と述べている。

しかも、この引用の直後には、ドイツもイタリアもともに三代目の皇帝になり、「国でも三代目というものは余程剣呑なもので悪くなるのが原則であります。然るに日本は三代目に至って益々よくなった」（前掲、掛川編 1976: 1100）と説いている。その要因を「万機公論に決すべし」とした五箇条の御誓文、さらには、憲法、そして、それにもとづいた立憲政治にみる。

そして、つぎのように、さきの川柳の意図をあきらかにする。

> 故に極く遠く云いまするならば、日本が此の通り大層よくなり、二代になり、三代を経ても益々よくなるのは何の為かと云えば、総選挙と云ふ立派な働きがあつて、全国の民衆を集め其の決議に依つて議員を選びそれを後押しとして政治をすると云ふ不磨の法典をお定めになつた為である。（前掲、掛川編 1976: 1100、強調は引用者による）

「憲政の神様」と呼ばれた彼にとっては、みずからも当時立候補していた総選挙こそ、「三代目」を経てもなお「大層よくな」るゆえんであった。尾崎の視点は、明治天皇を神聖視したり、美化したりしているところもある。憲法をつくり、皇室典範において「皇統を継ぐものは丁年以上の男子」（前掲、掛川編 1976: 1110）ときめた明治天皇を、礼賛しているきらいはある。

にもかかわらず、この演説のすぐあとの浅草の柳北国民学校[2]、そして翌日夜の鉄砲洲（てっぽうず）国民学校[3]での、おなじく田川大吉郎候補の応援演説を咎として、一週間後の一九四二年四月二一日に、事件化にむけた動きにまきこまれる。

地元・三重県の選挙区を遊説していた尾崎にたいして、同県で思想犯をとりしまる特高課長をつうじて、東京地方検事局からの出頭要請がつたえられる。翌日に上京、その翌日に出頭ののち、同日は巣鴨拘置所に、尾崎みずから日記に書きつけた表現をかりれば、「監禁せらる」(伊藤・杉村校訂・解説 1991: 306)。二四日には釈放されるものの、同日不敬罪の疑いにより起訴され、同年末、一二月二一日付の一審判決では、懲役八ヶ月、執行猶予二年の有罪判決をうける。そののち、大審院での上告審をへて、事件から二年二ヶ月のすぎた一九四三年六月二九日に、無罪判決を受けた。

これが「尾崎行雄不敬事件」である。

3 「尾崎行雄不敬事件」に至るまで

尾崎行雄は、「憲政の神様」の異名をとる。彼の胸像が、国会議事堂の衆議院玄関の広間に立っている。日本初の帝国議会選挙(明治二三年＝一八九〇年)に三一歳で当選してから、太平洋戦争をはさみ、昭和二七年(一九五二年)にいたるまで二五回連続当選し、その翌年の総選挙では落選するものの、さらに翌年の昭和二十九年(一九五四年)七月には衆議院名誉議員に選ばれ、同年一〇月に九五歳で生涯をとじる。議員生活は六三年におよんだ。

明治、大正、昭和をつうじ、日本のデモクラシーの希望の象徴といえよう。

一九六〇年には、彼を記念して尾崎憲政記念館が、国会議事堂脇につくられ、拡大して憲政記念館となった。館内には尾崎メモリアルホールもつくられている。[4]

尾崎の生まれは安政五年＝一八五八年、現在の神奈川県相模原市、当時の相模国又野である。号を咢堂といい、彼の記念館は「尾崎咢堂記念館」と名づけられている。父・行正は、明治維新ののちに地方官として働き、その転勤にともない、高崎や熊本などに移りすむ。行雄は、明治七年＝一八七四年に上京し、慶應義塾に入るものの中退し、三年後には学業を捨てる。「討薩論」を『曙新聞』に投書したほか、明治一二年には福沢諭吉の推薦により『新潟新聞』の主筆となる。その二年のちには、統計院にて働くものの、「明治一四年の政変」による、わずか二ヶ月で職を辞する。

新聞記者や、立憲改進党の活動、東京府会議員、欧米遊学をへて、先にのべたように、一八九〇年におこなわれた日本の歴史上はじめての総選挙に立候補し、当選する。立候補した三重県は、父・行正ゆかりの土地だった。行正は、熊本での勤務中に「神風連の乱」にあい、命からがら三重県に逃げたとされる。[5]

この「神風連の乱」は、明治九年十月二十四日から翌日にかけておきた、保守的な反政府士族による乱である。旧体制を維持しようとする士族によって、父・行正は勤務地を追われた。そこから逃れた場所を総選挙の立候補地として、息子・行雄は選ぶ。

立憲政治をめざす人々のなかで、尾崎行雄は、単なる欧米の模倣者ではなかっただろう。父の仇をうとうとするわけでもなかっただろう。いかにして、日本の地に、憲法を、民主主義を根づかせるのか。その課題に向きあっていたと思われる。この点をこそ、「不敬」とされた演説から読みとらなければなるまい。

その点を述べるまえに、もうすこし、尾崎行雄の経歴をたどろう。

行雄は、明治三一年には文部大臣として入閣、五年後には東京市長に就き、九年にわたって務める。尾崎が犬養毅とともに「憲政の神様」と呼ばれたのは、このあと、大正二年のことである。桂太郎三度目の首相就任に反対する憲政擁護運動のなかだった。民衆は、みずからの代弁者であり、憲法にもとづく政治を貫こうとする尾崎と犬養を「憲政の神様」と叫んだのである（江口圭一司会1969: 103)。

「不敬」とされた選挙応援演説の候補者・田川大吉郎は、助役として尾崎東京市長に仕える。また、大正三年から司法大臣を務めた尾崎にも、田川は参政官（現在の事務次官）として仕事をしている。尾崎は、普通選挙運動の推進や、軍縮にむけても田川と行動をともにする。

元号が大正から昭和へあらたまるとともに、尾崎は、ますます民衆政治家としての性格を強めていく。それと反比例するように、彼の活躍の場は狭められていく。

二・二六事件の一年後、昭和一二年二月一七日には、衆議院本会議で軍部を批判する演説を行うものの、四年後には演説すら許されなくなり、「時局の変遷と政府の指導に関する質問趣意書」を出すにとどまる。

こうした時勢において、昭和一七年、太平洋戦争中ただ一回の総選挙を迎えることになる。

4 「尾崎行雄不敬事件」をめぐる言論

「尾崎行雄不敬事件」の経緯については、先に述べた。

ここでは、起訴した検察、尾崎みずからの弁明、そして、裁判所の判決、その三つを見よう。東京地方検事局による公訴事実では、先に引いた演説について、つぎのように述べている。

> 卑俗なる川柳を引用し畏くも天皇陛下が右川柳に所謂三代目に当らせらるるかの感を与うるが如き言辞を為し（中略）畏くも天皇陛下の御徳を批判し奉る言辞を為し、以て犯意を継続し　天皇陛下に対し奉り不敬の行為ありたるものなり。（「尾崎行雄に対する不敬被告事件予審終結決定」（東京刑事地方裁判所　一九四二・七）掛川編 1976: 1118、強調は引用者による）

ここでいう「卑俗なる川柳」こそ、「売家と唐様で書く三代目」である。川柳の中身だけではなく、川柳を引いたことそのものもまた不敬罪にあたると検察側は言う。川柳とはもともと「卑俗なる」ものであり、天皇陛下にむけて使ってはならない。しかも、「三代目」を揶揄するとなれば言語道断である。そのように検察は断じている。

これに対して尾崎は、すくなくとも五本の上申書や弁明を残している。一審の東京刑事地方裁判所、第二部裁判長・中島民治にあたえた「上申書」では、公訴事実における「言辞」に、つぎのように噛みついている。

凡そ人の言辞は、平生の実行と離れて、判断すべきものではない。特に不敬罪の如きは、被告人の言辞よりは、其意志に重きを置かなければならぬ。言辞は如何に立派でも、不敬の意志を包蔵すれば、之を懲罰すべきである。之に反して、一時の言辞に多少穏当を欠く所があっても、平生の実行が忠誠なれば、之を懲罰しない方が、国家の利益になる。（「上申書（尾崎行雄一九四二・一〇）」掛川編 1976: 1119、強調は原文による）

「言辞」を問題にするなら「実行」を問え。尾崎はそう述べたうえで、公訴事実の証拠とされた演説の速記録には誤りが多いと指摘する。速記だけではなく、「六七十年の長きに亘る予の言行中、せめては帝室に関係のある個所だけでも読んでもらいたい」（前掲、掛川編 1976: 1119）と求めている。「我国に不敬罪があるのは国辱」と主張し、最後に川柳を「卑俗」とする見方に、つぎのように反論する。

如何なる名言哲理も、俳句川柳の如き大衆用の国語を以て言い現せば、卑俗となし、荒唐無稽の藝語も、外国語特に漢語を以て、之を述べれば高雅と想うのは、支那崇拝時代の余習であ

ろう。（前掲　掛川編 1976: 1128）

「大衆用の国語」を軽んじて、「漢語」を重んじる。その「余習」＝旧弊が、川柳を「卑俗」とする。そして、川柳を引用した意図をこう説いている。

政党の如きは、独伊流若しくは全体主義などと称するカラヨウを模倣して、立派に売家と書き、以て創業者の惨憺たる辛苦経営を消滅せしめて了った。豊臣氏は二代で亡び、秦も蜀も二世で亡び、ドイツの帝室は三代で亡び、我が国の政党は、いずれも二三代目で解消した。是れ予が世人を警醒し、狂瀾を既倒に回えさんと欲して、数々右の川柳を応用する所以である。

（前掲、掛川編 1976: 1129）

当時の天皇を「三代目」として批判しているわけではない。そう尾崎行雄は述べている。世界の流れや、日本の歴史と現在にてらして、世間に警告を発するためだったと尾崎は主張する。

くわえて、「我帝国は万機公論に決する立憲国」であり、「上御一人の思召に由て、国家を盛衰せしめる事は、絶対不可能の国柄となっている」（前掲、掛川編 1976: 1129）のだから、天皇個人にも、朝廷にも適用できない。なおさら、「二千六百余年と、百二十四代の伝統あって、皇祖皇宗以来有形無形の制度習慣が完備している朝廷に適用することはできない」（前掲、掛川編 1976: 1129）。

検察側は、「卑俗」である川柳を天皇にむけて引用したこと、さらには、その川柳で天皇を貶めていること、この二点をもって不敬罪にあたるとする。たいする尾崎は、そもそも川柳を「卑俗」とするのは古く、さらには、川柳を天皇にあてはめてはいないと反駁する。

双方の主張を裁判所はどうさばいたのか。判決は述べている。

> 天皇陛下の尊厳を冒涜し奉るの言辞なることは多言を要せざるものなるところ、本件各演説の論旨に照し右の如き言辞を述ぶることが其の直接又は間接の目的に非ざりしことは明なれども、上来認定の如き状況の下に在りては被告人に於ても斯の如き言辞を述ぶるの事実は自ら十分之を認識し居りたるものと認むべきを以て孰れも不敬罪の犯意に於て欠くるところなきものと謂うべし。而して犯意継続の点は被告人が短期間に同種の所為を反復累行したる事跡に徴し明瞭なり。(「尾崎行雄に対する不敬被告事件第一審判決(東京刑事地方裁判所 一九四二・一二)」掛川編 1976: 1158)

検察、そして、尾崎の主張していた二つの論点のどちらにも触れていない。川柳を引用したことも、その川柳の「三代目」は天皇にあたるのか否かについても、言及していない。

それよりも、「天皇陛下の尊厳を冒涜し奉るの言辞なること」が問題であって、川柳であろうとなかろうと、さらには「三代目」が誰を指しているかどうかも、いずれも問題ではない、と判決文は断じる。「犯意継続の点は被告人が短期間に同種の所為を反復累行したる」としているのは、「言辞」だけではなく「実行」を見ろと反論した尾崎への、あてこすりだろうか。

尾崎も負けてはいない。大審院に上告する。審理にむけた上申書では、「維新後三代目に当る所の現代人は「売家と唐様で書く」ことの代りに「国難と独逸語で書いて」いるようだ」（「大審院への上申書（尾崎行雄　一九四四・四）」掛川編 1976: 1168）と、当時の政治を皮肉る。

第一審判決から半年後、一九四三年六月二八日、大審院は審理を決める。事件の調べなおしを決めたのである。大審院においては、翌年一九四四年四月一四日、二一日、五月九日の三回にわたって公判がひらかれる。[6] 尾崎は、第一審と変わらぬ主張をつづける。

同年六月二九日の判決は、「原判決を破毀す。被告人は無罪」というものだった。判決理由は、第一審判決で無視された論点二つをともに、尾崎の立場に沿って認めている。

とりわけ、演説で尾崎の述べた「日本が此の通り大層よくなり、二代になり、三代を経ても益々よくなる」という個所を引いたうえで、「陛下が該川柳に所謂三代目に当らせらるると云うが如き不敬の趣旨」を否定し、「三代目には当らせられざる趣旨を述べたる」証拠だと認定している（引用は、いずれも（「尾崎行雄に対する不敬被告事件大審院判決（一九四四・六）」掛川編 1976:1171）による）。

川柳の引用についても、つぎのように尾崎に同意している。

以前にありては川柳は現代よりも民衆に親しまれ民衆の心裡に通ずるものあり　日常生活に

於ても一般に口にせられ　それが常識の一部たりしものにして現に被告人の引用したる川柳の如きも　真理と訓戒とを含む理念として通用し居たること顕著なる事実なれば　被告人の如き明治大正を活動期とせる老人の川柳に付抱くところの観念が　今人の一般に抱くところと必ずしも一致せざるは　怪しむに足らざるところにして　被告人はその壮時より親しみを持ち　通俗にして多大の真理を含むと思料せる該川柳を引用し　明治天皇の御聖業を説き民衆に理解し易からしめんとしたるものにして　単に川柳が卑近なりとの観念を以て　軽く被告人を批判するは　被告人の意図を知らざるの言なりとす。（前掲、掛川編 1976: 1171-72）

川柳は、「真理と訓戒とを含む理念」であり、とりわけ、当時八五歳の「老人」であった尾崎にとっては、若いときから親しみをもち、聞き手に通じやすいと考えられた。しかも、明治天皇の偉業を讃えようとしているのだから、なおさらわかりやすくなくてはならない。そう尾崎は考えたのだと判決理由は述べている。

刑事法学の泰斗であった松尾浩也は、裁判長・三宅正太郎みずからの手によるものとされる、この判決理由を、「格調の高いひきしまった文章」としたうえで、つぎのように評している。

問題の演説の片言隻句はともかくとしてその論旨の重点は明治天皇の奉頌と憲法政治の擁護にあったと説明し、被告人の不敬の意図を否定して、公訴事実は証明なきに帰するとした。判決理由中に展開された川柳論とあわせて、三宅判事ならではの名判決といっても過言ではないであろう。(松尾 1970: 487)

では、この「尾崎行雄不敬事件」が「三代目」にもたらす示唆とはいったいなんだろうか。「尾崎行雄の抵抗」(保阪 2007)を褒めるのではなく、「三代目」を考えるうえで、この事件のもたらすものは、どのようなものがあるのだろうか?

5 「尾崎行雄不敬事件」の意味

本書では、「三代目」をめぐって、「無邪気な個人主義」に特徴があると述べた。それは、「小文字で複数の始まり(beginnings)」=出発点であり、「ウジ社会」「イエ社会」「ムラ」の結節点にあるからだとも述べてきた。すると、この「尾崎行雄不敬事件」もまた、「無邪気な個人主義」の発露だったのだろうか。あるいは、「小文字で複数の始まり(beginnings)」だったのだろうか。

この事件は、「売家と唐様で書く三代目」という川柳をめぐるものだった。この点に注意しなければならない。尾崎行雄も、検察官も、そして裁判官も、その後にこの事件に触れた論者も、「三代目」そのものには注目していないからである。

先に確かめたように、裁判での論点は、(1)川柳を天皇にむけるのは不敬か否か、(2)「三代目」は当時の天皇＝昭和天皇を指しているかどうか、の二点であった。

尾崎みずからも、そして大審院判決でも、「売家と唐様で書く三代目」の意味については争っていない。政党や組織、国家は、「三代目」において、滅びたり、衰えたりする。この点については、尾崎も、大審院の三宅裁判長も異論を唱えていない。くわえて、尾崎は、「二千六百余年と、百二十四代の伝統あって、皇祖皇宗以来有形無形の制度習慣が完備している朝廷に適用することはできない」（「上申書（尾崎行雄　一九四二・一〇）」掛川編 1976: 1129）と述べている。ほとんどあらゆる組織も国家も「三代目」によって落ちぶれるのにたいして、天皇家＝朝廷は、あてはまらない。なぜなら、すでに「二千六百余年と、百二十四代の伝統」があるからである。この「二千六百余年」とは、一九四〇年を二六〇〇年とした、神武天皇紀元＝皇紀をさしている。

尾崎は、議会政治や立憲制を推進し、「憲政の神様」と呼ばれてきた。論理と原則を大事にする立場である。その尾崎にして、皇紀を持ちだす。もちろん、それは当時の世相、天皇を崇拝する世相におもねった側面もあるだろう。みずからを不敬罪ではない、と主張するための方便ともとらえられるだろう。たとえそうだとしても、尾崎をして、天皇家＝朝廷を「三代目」の例外と言わしめる仕組みは、どこにあるのだろうか。この点を考えるにあたって、あらためて本書のわくぐみを参照しよう。

6 「三代目」の天皇

天皇家を「三代目」というわくぐみでとらえる。これについては、尾崎も、そして大審院判決も同意していない。天皇家は例外だと尾崎は強調していた。いっぽう、尾崎を訴追した検察は、「売家と唐様で書く三代目」という川柳を天皇家にあてはめたことが不敬罪にあたるとしていた。

ここで、尾崎の演説に立ちかえろう。

> 所が、明治天皇がよかった為に、明治天皇がお崩れになって、大正天皇となり、今上天皇となっても国は益々よくなる許りである、普通の言葉であれば之も世界に通じた真理でありますが、「売家と唐様で書く三代目」と申して居ります。大層偉い人が出て、一代で身代を作りましても二代三代となるともう折角作った身代でも家も売らなければならぬ。併ながら手習いだけは流石に金持の息子でありますから手習いだけはしたと見えて立派な字で「売家と唐様で書く三代目」実に天下の真理であります。（「弁士尾崎行雄演説速記録（一九四二・四）」掛川編 1976: 1099-1100、強調は引用者による）

尾崎は裁判で、速記録には誤りが多いと主張していた。その点を考慮したとしても、この演説における「三代目」は昭和天皇を指しているのではないか。ただし、この川柳とは裏腹に、三代目になっても家は崩れずに「益々よくなる許りである」と述べている。だから、尾崎は、自分の意図は、川柳とは逆であると主張した。

すると、昭和天皇を「三代目」ととらえていたのは間違いない。天皇家は代々つづいてきている。けれども、明治天皇を初代と見たてている。これを、本書のわくぐみに照らしてみたい。

尾崎もまた、「三代目」は「複数の始まり」だととらえている。あるいは、複数の始まりを見いだす起点ととらえている。誰かを「三代目」と指ししめすとは、すなわち、「初代」を呼びだすことにほかならないからである。

尾崎は、明治天皇を初代としたうえで、昭和天皇を「三代目」と位置づけている。これは、天皇家の歴史とは異なる。尾崎みずから述べているとおり、天皇家はすでに「二千六百余年と、百二十四代の伝統」がある。それなのに、わざわざあの川柳を引く。その理由は、尾崎もまた「世代と系図から近代日本を読む」からである。明治天皇を初代とするのは、小文字の複数の始まりという意識を尾崎も持っているからである。

「二千六百余年」を強調するなら「三代目」という視点は出ない。また、血の繋がりのみを重視する「ウジ社会」であるならば、「国は益々よくなる」かどうかとは、かかわらない。国の盛衰と、天皇家のつながりは無関係だからである。けれども天皇家は、血縁なき血縁原則としての「イエ社会」でも、もちろんない。あくまでも男系男子の血統にもとづく。

かつて評論家の大宅壮一は、「皇室の一番大きな使命は、皇室そのものを存続させることである」（大宅 1952→2019: 2）とした。この使命をかかえる以上、「三代目」の天皇は、「無邪気な個人主義」に走るわけにはいかない。昭和天皇みずから、明治天皇の「三代目」としての自覚を持っていた様子がうかがえる。

明治天皇の「三代目」としての自覚

昭和天皇は、太平洋戦争開戦直前の昭和一六年九月六日の御前会議において、明治天皇の言葉を用いて、開戦への流れを押しとどめようとしている。

近衛文麿の『失われし政治』を引きながら、歴史学者の加藤陽子が述べるように、昭和天皇は、その会議の席上、「懐中から明治天皇の御製「四方の海皆同胞と思う世に　など波風のたちさわぐらむ」と記した紙を取り出して読み上げ、「朕はこの御製を拝誦して、故大帝の平和愛好の御精神を紹述せんと努めて居るものである」と結んだ」（加藤 2011: 344）という。

ここに、昭和天皇の「三代目」への自覚と呪縛を見てとれるだろう。

昭和天皇が、ここで明治天皇の御製の紙を取り出して読みあげている。その理由は、開戦への不安を隠しきれず、怒りにまで昇華しているからであろう。自分だけの判断ではない。明治天皇の「三代目」の自覚を持っているからこそ、その権威、すなわち、大日本帝国憲法下での最大にして唯一の権威に依存しなければならなかったからであろう。

「故大帝の平和愛好の御精神を紹述せんと努めて居る」との発言について、昭和天皇はあくまでも平和を望んだ、と解釈するのは、彼にとって都合が良すぎるかもしれない。開戦に抵抗した天皇が、好戦的な軍部の暴走に押し切られた。そうしたストーリーは、「無責任の体系」を温存してしまうかもしれない。

それよりもここで興味深いのは、彼が、開戦を迫られる状況において、明治天皇を参照しているところにある。明治天皇の「三代目」としての自覚に囚われているところにある。この自覚は、戦争の終わりにおいてもまた再び顔を見せることになる。

歴史学者の鈴木多聞の参照する「最高戦争指導会議に関する綴（其の二）」（防衛省防衛研究所戦史部図書館蔵）によれば、天皇の発言は、つぎの通りである。

> 陸海軍統帥部の計画は常に錯誤し時期を失す。（…）空襲は激化しつつあり。之以上国民を塗炭の苦しみに陥れ、文化を破壊し、世界人類の不幸を招くは私の欲せざる処なり。（…）今日は明治天皇の三国干渉の心を心とすべきなり。（鈴木 2011: 172 より重引）

これは、加藤の指摘する通り、三国干渉を甘受するにあたっての「遼東半島還附の詔勅」の文言「朕平和の為に計る、素より之を容るるに吝かならざるのみならず、更に事短を滋し、事局を艱し、治平の回復を遅滞せしめ、以て民生の疾苦を醸し、国運の伸張を沮むは、真に朕が意に非ず」[7]を参照した発言である（加藤 2011: 349-350）。

内大臣・木戸幸一が、天皇から直接聞いた内容として、「今日は忍び難きを忍ばねばならぬ時と思う。明治天皇の三国干渉の際の御心持を偲び奉り、自分は涙をのんで原案に賛成する」（木戸 1966: 1223-1224）と述懐し、あるいは、参謀本部第一部長・宮崎周一も、同様に回想している記述（軍事史学会編 2003: 196）[8] からも明らかである。

さらに、いわゆる「人間宣言」[9]、終戦から約四ヶ月後の昭和二一年元日付で出された「詔書」にもまた、昭和天皇は、明治天皇を呼びだしている。その冒頭は、つぎのように始まる。

茲に新年を迎う。顧みれば明治天皇明治の初国是として五箇条の御誓文を下し給えり。

この「五箇条の御誓文」の挿入への強い希望の背景は、もちろん、昭和天皇が東宮御学問所で受けてきた教育の成果にほかならない（伊藤 2011: 419―420）。松尾尊兊（松尾 1990）、あるいは河西秀哉（河西 2010）、そして、升味準之輔（升味 1998）が明らかにしたように、一二月一九日の宮内省案において、その昭和天皇の希望が付加され、政府とＧＨＱに届けられたものだった。

明治国家の帰結として戦争に突入し、負け、焦土と化した、という反省は、ここにはない。それよりも、あくまでも「血」を存続させる「三代目」としての自覚が見られる。たとえば、同日付のニューヨーク・タイムズ紙は、「明治天皇が近代社会確立のために発した宣言」以後、日本の歴史上で最も重要な文書と位置づけている。

むろん、このすぐ後に制定される日本国憲法が、大日本帝国憲法、いわゆる明治憲法からの改正手続きという形を採用した以上、いわゆる「戦後」にあっては、「明治」とりわけ、憲法制定にむけての回路が再び想起されることになる。その過程を、詳細に追いかける余裕はない。ここにあきらかなように、昭和天皇は、単なる尊敬では収まりきらない、「三代目」としての明治大帝への強烈な意識をいだいていたのではないか。

じっさい、昭和天皇は、後年の記者会見（一九七七年八月二三日）において、つぎのように回想している。

> 民主主義を採用したのは、明治大帝の思召しである。しかも神に誓われた。そうして「五箇条御誓文」を発して、それがもととなって明治憲法ができたんで、民主主義というものは決して輸入ものではないということを示す必要が大いにあったと思います。それでとくに初めの案では、「五箇条御誓文」は日本人として誰でも知っていると思っていることですから、あんなに詳しく書く必要はないと思っていたのですが、幣原がこれをマッカーサー司令官に示したら、こういう立派なことをなさったのは感心すべきものであると、非常に賞賛されて、そういうことなら全文を発表してほしいというマッカーサー司令官の強い希望があったので全文を掲げて、国民及び外国に示すことにしたのであります（高橋 1988: 253）。

では、こうした「皇統連綿」という自覚は、いったい、どのような歴史意識から来ているのだろうか。「三代目」を皇室について考えるうえでは、歴史意識をめぐる考察から逃れられない。やや遠回りに思われるかもしれないものの、つぎに、この歴史意識、すなわち、神武天皇以来の歴史意識を「中今」というキーワードによって概観したい。

7 津田事件の歴史意識

ここで参照するのは、津田左右吉事件である。ひとりの歴史学者が膨大な文献考証に基づいて古事記と日本書紀に由来する、いわゆる「記紀」の神話性を暴いた。これに対して、蓑田胸喜をはじめとする日本原理主義者たちが、激しく論断し、ついには発売禁止処分と皇室冒瀆の廉で訴追されるに至った。一連の事態を指す。[10]

事件の意義は、こうした事件が事件として扱われたことそのものにある。

津田の「思想」は、あくまでも研究にとどまっている限りにおいて、その不敬性を告発されたことなどなかった。にもかかわらず、唐突に（おそらくは、津田が東京大学法学部で講義を始めるようになってから）、蓑田の攻撃を受けるようになる。

二人の「津田」

津田事件の起きたのは、「皇紀二六〇〇年」一九四〇年である。このときまで、「皇紀」という時代区分の提唱者である津田真道は、名前すら忘れられていた。にもかかわらず、彼の名は突然称揚される。と同時に、津田左右吉への糾弾が活発化する。

二人の「津田」をめぐるこの偶然の一致こそ、天皇をめぐる時間意識を解きあかすうえでの重要なヒントを与えてくれる。

津田左右吉の研究は、「事件」となるまで、国家による干渉や関心の範囲外に佇んでいたに過ぎず、政治問題として、告発されるような問題性を含んでいなかった。かたや、「皇紀二六〇〇年」の「東京オリンピック」や万博をはじめとして、あまたの祝祭が計画された。にもかかわらず、その「皇紀」を「発見」した人物としての津田真道は忘れられていた。すなわち、二人の津田は、ともに思想的にも世間的にも、視線を向けられる対象ではなかった。

ところが唐突に、この二人に光が当てられた。それ自体、「皇統」なる天皇家の歴史性、そして、日本の歴史意識の「古層」としての「中今」への注目が高まった証左にほかならない。この時期に、「皇紀二年」という期日にあたっての二人の津田の浮上こそ、天皇家の繋がりへと人々の目が向けられた状況の証拠にほかならない。

主著『文学に現れたる我が国民思想の研究』に明らかなように、津田は、「日本」文学の通史・発展史を概観する。そこでの「日本」とは、中国からの夾雑物を排した、純粋なそれであり、本居宣長たち国学者が「発見」した「やまとごころ」としての「うた」である。「漢意」としての中国は、学術として学ぶ思想であり、方や、「うた」と、その大本としての天皇家に行き着く「やまとごころ」は、「国民の実際生活から生まれた」「国民思想」である。逆から言えば、国民の生活から生まれた国民思想、その大本には、尊皇思想がある。

愛国心の萌芽は勿論建国の初にある。けれどもそれが今日のようになったのは、朝鮮半島や支那に対して種々の交渉があった昔からの長い歴史によって、次第に養われ漸々に成長して来たからであって、特に国際競争の激しい世界の舞台に乗り出したがために新しい形をとって活動し始めた現代の国民生活に於いて急速に発達したのではあるまいか。そうしてそれは、将来に於いて今よりも一層意味の深い一層充実した観念に発達させねばならぬものでは無かろうか。（津田 1917）[11]。

津田左右吉の眼目は、歴史的な連続性の確認にある。津田左右吉を批判した蓑田胸喜もまた、批判の対象と同じ根っこを持っていたのではないか。そしてその根っここそ、天皇をめぐる歴史意識ではないか。この仮説を念頭において、蓑田による津田左右吉批判を見ていこう。

蓑田胸喜による津田左右吉への批判

津田左右吉を論駁し（ようと試み）た蓑田は、どのような歴史意識をあきらかにしていたのだろうか。「三代目」を探究する本書にとっては、蓑田を最も端的にあらわす表現として、「昭和維新」に着目したい。この「昭和維新」は、二・二六事件の青年将校たちの目指していたものであった。主著『学術維新原理日本』の序論で、蓑田は、つぎのように宣言する。

思想の『混乱』『悪化』――『思想国難』の根本原因は、帝国大学が、『総合大学』とは名のみ、若しくは建物の共在ということのみで、その各学部に於ける学術的研究内容上に殆ど全く相互の間の捕捉交流総合統一ということが実現せられなかった、むしろその自覚反省さえなかったという如き専門分化癖、エクスクルゥシヴィズム、即ち実質上の無哲学無信念学風に陥っておったことにあるので、それが事実無根、祖国無視の拝外思想、方法論上の理知主義、人生観上の個人主義唯物論と相俟って個人と国家とを迷妄悩乱に騙ったのである。その際、特に注目すべきは文学部の思想的社会的無力と無哲学・無宗教・無芸術の低劣誤謬学風の集結というべき法学部の政治的社会的跋扈である。故に教育思想対策の確立、昭和維新の断行は帝国大学のこの学風、この学風より醸成せられたる教育界、言論界、時代思潮の根本的確信、即ち『学術維新』をその眼目とし、その契機原動力たらしめばければならぬのである。（蓑田 2004: 120-121 傍線は原文）

蓑田にとって「昭和維新」の断行は、すなわち、「「学術維新」をその眼目とし、その契機原動力とたらしめなければならぬ」ものであり、その筆頭として刃が向けられるのが、津田左右吉にほかならない。

では、その「昭和維新」を掲げる蓑田の歴史意識とは何か。それが「中今」である。「中今」を、丸山眞男は「たえず動きゆく瞬間瞬間を意味しながら、同時にそれが将来の永遠性（常盤に堅盤に）の表象と結びついている点で、まことに日本的な「永遠の今」——ヨリ正確には「今の永遠」——を典型的に示すもの」（丸山 1992 → 1998: 414）と定義した。

これを受けて、政治思想史家の片山杜秀は「「現在」への自己充足の意識の日本的表現」（片山 1991: 55）と再定義している。丸山と片山、彼ら二人の定義を参照すれば、「中今」とは「今」を中核に見据える日本的な歴史意識だと、ひとまずは言うことができるだろう。

ただし、ここで注意しなければならないのは、この「中今」が、そのまま日本特殊論へと横滑りする危険についてである。横滑りした途端に、系譜学的思考の考察ではなく、単に、「日本の固有性」の有無という、ありがちな議論へと回収されてしまうだろう。よって、ここではこの「日本の固有性」、「日本的独自性」をめぐる陥穽について記しておこう。

「日本的独自性」をめぐる陥穽

日本語の時空間における歴史意識を考察しようとする営みは、それが、たとえ歴史一般を対象としていたとしても、その固有性を強調する言葉に回収される。その点に留意しなければならない。時間について議論しようとするや否や、それが、たとえ、さまざまな言語で編み出された時間意識の混合物だとしても、日本文化の特殊性を抽出してしまう振る舞いにたどり着く。これは、評論家の加藤周一による議論にもみられる。加藤は、つぎのように述べている。[12]

日本文化のなかには、三つの異なる型の時間が共存していた。すなわち始めなく終りない直線＝歴史的時間、始めなく終わりない円周上の循環＝日常的時間、始めがあり終りがある人生の普遍的時間である。そしてその三つの時間のどれもが、「今」に生きることへの強調へ向かう。（加藤 2007: 36）

「「今」に生きることへの強調へ向かう」「始めなく終わりない直線＝歴史的時間」とは、丸山眞男が定義したように、「古層における歴史像の中核をなすのは過去でも未来でもなくて、「いま」にほかならない」（丸山 1998: 413）。加藤は、ここで概念として提出してこそいないものの、ここで言われている「「今」に生きることの強調」こそ「中今」にほかならない。

片山杜秀は、この「中今」をめぐる認識の変遷をこう解きあかしている。

「中今」というのはまぎれもなく古語だけれども、その古語を三井甲之は普通の意味でもちだしてきたのではなかった。大正以後の右翼が、日本の古語を借りて、第一次世界大戦後のわけのわからない、過去・現在・未来にすら切り離しようのないカオスのような時間感覚を表現した、事実上の新語です。（片山 2010: 138）

「中今」の「普通の意味」とは、たとえば、『日本国語大辞典』にあるように「過去と未来の中間にある今。今の世。すぐれた世として、当世を賛美していう語」である。片山の表現を借用すれば、「「今現在がとっても繁栄していておめでたいですよ」というくらいのニュアンス」（片山 2010: 138）でしかなかった。じっさい、明治期に使用した津田真道[13]は、「中今の西洋人科学といえる学術もて試験して知りたいといえる説に従えば」として、「今、繁栄している」といった意味で用いたにすぎない。片山の引用した三井甲之とも、丸山の用法とも、まったく異なる。

もちろん、このことばが最初に登場したとされる『続日本紀』における用法を仔細に検討し、「中今」を「中・今」と分解の上で解釈するべきだと説いた西田長男や、西田を受けて、「高天原ないしそこから天降った初代の天皇を始めとし、その子孫が代々継ぎ継ぎに神の子として天下を治めてきて今に至った、という観念」（田中 1982: 43）だと説く田中元などの優れた先人たちの思索がある。ただ、田中はつぎのように結論づける。

古代日本人にとって在るのはまずもって直線的時間の世界である。そしてこのような世界では「今」を生きることに意義が考えられよう。人間の生は直線的時間のうちにあるのであり、それは凝縮すれば「今」にあることになる。この「今」を否定するような原理的存在――例えば種々の意味の絶対者――を古代日本人はもたなかった（田中 1982: 43）。

田中は、たしかに「古代日本人」と限定している。しかし、丸山の「勢（いきほひ）」に同化融合しながら、その「勢」の赴く方向に進む」という言葉に帰着する片山の指弾した誤謬を反復している。三井甲之が作り出した「中今」を、丸山は、「日本の歴史意識の「古層」において、そうした永遠者の位置を占めて来たのは、系譜的連続における無窮性であり、そこに日本型の「永遠の今」が構成された」（丸山 1992 → 1998: 422）とする。古代から日本人が永々と持ち続けて来た歴史意識と位置付け、批判する。『続日本紀』に立ち戻って検討したはずの田中もまた、それがあたかも、日本人が連綿と抱いてきた感覚の如くとらえる。

この点を確かめたうえで、蓑田胸喜の歴史意識へと戻ろう。

蓑田胸喜の歴史意識

片山が解析したように、「中今」とは、「古層」に潜む伝統的なものではない。この時期に、つまり、戦間期に三井甲之や蓑田のつくりだした「事実上の新語」にほかならない。その「中今」を蓑田は、「祝詞」として詠んでいる。「祝詞」として詠じられる対象としての「中今」は、日本的な詠嘆である。
「維新」とは、あらためて指摘するまでもなく、「御一新」を起源としており、「全てをあらためる」身振りと位置づけられる。その「維新」を「昭和」において「断行」する蓑田が依って立つところは、「永遠の今」としての「中今」である。この点を自家撞着だと批判するのではない。「あらためる」ことを目指しているはずの蓑田のよりどころは、逆に、古来変わることのない「永遠の今」である。このねじれについて指摘したい。その祝詞の中で、「中今」は、つぎのように呼びだされる。

ああ
十二月八日、
二月十五日、
ああ
悠遠の神話と
歴史の蓄積、
その爆発する威力よ！
その日は一日にあらず、
中今の今日の一日ぞ！（蓑田 2004b: 717-718）

「十二月八日」は、昭和一六（一九四〇）年一二月八日、日本軍が米国ハワイの真珠湾を奇襲爆撃した日である。次の「二月十五日」とは、昭和一七（一九四二）年二月一五日、シンガポールのイギリス軍を日本軍が降伏させた日である。蓑田は、この両日こそ、「一日にあらず、中今の今日の一日ぞ！」とあおる。この引用につづいて、「中今」の出典『続日本紀』の高天原の「宣命」の部分を解釈し、明治天皇以来の戦争史を記述する。そしてこの祝詞をつぎのように結んでいる。

萬世一系の天皇の
天津日嗣の大御業――
「高天原に事始めて
遠天皇祖の御世御世中今に」
天地のむた窮なき
神国日本の
歴史的現実的開展のまにまに
中今のうつつに
世界は一つなり（蓑田 2004b: 726）

蓑田は、「中今のうつつに」すなわち、「歴史的現実的展開のまにまに」あらわれる無時間的な永遠の元に、「世界は一つ」になることを建前として、「神国日本」の戦争を正当化する。「畏くも今上陛下の勅語にも「君民体を一にし」と詔はせたる日本国体の歴史的根拠を津田氏は全く抹殺し儘さむとする」かどで、津田左右吉を抹殺しようと蓑田は、試みる。「歴史的根拠」の果てに訪れる「中今のうつつに　世界は一つなり」を錦の御旗として、戦線の拡大が、「神の怒り　遂に発して」（蓑田 2004b: 718）生じた必然だと彼は強弁している。

「中今」

三井甲之による「中今」の「発見」について、思想家の丸山眞男は、「この点も、日本主義者たちの着目したところであった」（丸山 1998: 414）とわずかに言及するにとどめ、「日本の歴史意識の「古層」」における普遍的な問題に格上げした。しかしそれは、片山杜秀の指摘するように（片山 2010b: 141）、その視線そのものが多分に近代主義的なものにほかならない。この丸山の議論は、「世代論」であきらかにできる。

第3章で見たように、徳富蘇峰による日本史上最初の世代論は「明治の青年」と「天保の老人」を対置させている。そして、まさしく「明治の青年」である津田左右吉（明治六年＝一八七三年生まれ）に対して、彼よりも二〇歳以上年若い「大正の青年」蓑田胸喜（明治二七年＝一八九四年生まれ）が、大がかりな歴史的伝統性を持ち出して論難する。

この理路から何を見るのか。

それは、大正期を青年として過ごした蓑田が、津田左右吉に対する世代間闘争とでも呼ぶべき意識である。その意識とは、自分たちの世代の方がより深遠な歴史意識を有しているとの自負である。蓑田より二〇歳余年下の丸山眞男（大正三年＝一九一四年生まれ）が、青年時代に生々しく経験した日本的な総力戦の経過は、この大正生まれの人々にとって、深刻な経験となって刻み付けられ、戦後において、いかにも日本の「歴史意識の「古層」」の「執拗な持続低音（basso ostinato）」（丸山 1998: 359）になって響いている。片山杜秀は、この意識を、こう解きあかしている。

むろん、それは捏造といった次元のものではないでしょう。神話や古典に遡ってゆくと、そういう説明を可能にする材料があるのは確かです。でも、そこまで遡って結びつけないとどうしても説明できないという話でもないのではないか。大正・昭和に局限しておけばよい話を、日本文化の本質論とか、日本の歴史全体とかに投影しすぎているような気がします。（片山 2010b: 95）

ここで片山の述べている点こそ、天皇の歴史意識への疑念にほかならない。それは、加藤周一や田中元、丸山の議論、その三つはいずれも通底している。いずれも「世代論」で読みとける。なぜなら、丸山が戦争の経験を踏まえて、多くの概念を生み出したからであり、その経験とは、戦争にむかうなかで軍隊という装置が加速した、一年ごとの先輩／後輩システムの濃密性に基づくからである。大量に召集した非軍人を、できるかぎり早く軍人に鍛える（擬製する）ためには、一年でも先輩の言うことは絶対である。このルールによって軍隊の規律を保とうとしたからである。

さらに、大正から昭和二〇年の「戦争の終わり」まではわずか三〇年足らずしかない。その期間の短さにも由来する。明治天皇の記憶や存在感が濃密なまま、もしくは、濃密にさせようとする昭和天皇をはじめとする為政者の意向を強く反映した軍隊のシステムが、丸山にのしかかった。

くわえて、大正天皇の存在感の「薄さ」もまた、遡及的に強調されることになる。明治天皇の「濃さ」に力点を置くために、よりいっそう大正天皇の「頼りなさ」は強く言い立てられなければならなかった。そして何より大正天皇本人が「薄い」と思われる要素を多分に持っていたという偶然もここには影響している。ここにおいて「三代目」としての昭和天皇の自覚は強まる。

「中今」は、だから、蓑田のみならず、丸山にとってもまた、歴史意識における躓きの石であった。永遠に変わらない「今」という日本の歴史の流れ＝系譜のつくりあげてきた歴史意識において「世界は一つ」になる。その永遠の「今」を否定してはならない。その歴史意識を「古層」と捉える丸山も蓑田と同じ系譜を見ている。

先に見たように、蓑田にとって最も許しがたいのは、津田左右吉が、「畏くも今上陛下の勅語にも「君民体を一にし」と詔はせたる日本国体の歴史的根拠を津田氏は全く抹殺し儘さむとする」点であった。つまり、「日本国体」が神代から築いてきた礎（いしずえ）を津田左右吉が否定しようとした、と蓑田には読めた点にあった。

8　歴史意識と「三代目」

しかしわたしたちもまた、こうした歴史意識を持っているのではないか。それは、まさしく本章で見たように、天皇「家」をめぐるものにほかならない。

「皇室の一番大きな使命は、皇室そのものを存続させることである」と大宅壮一の述べた、その使命を果たそうとする彼や彼女たち、すなわち、皇族の人びとの営みに、何ら疑いを挟まない。逆に、疑問を呈する立場もまた、この日本という国において天皇の「系図」が続いてきた（とされる）事実性から逃れられない。

永遠に続く「今」としての「中今」を時間意識のベースとする蓑田も、そして、本来なら蓑田の思考は戦間期に特有であるにもかかわらず、そこに「古層」を見る丸山も、いずれも歴史意識に囚われている。

昭和天皇は、みずからを明治天皇の「三代目」と意識する。これは止むを得ない。そうだとしても、同時期見られた「中今」なる永遠の歴史意識を、日本の「古層」に由来するものだとする丸山眞男の立論には無理があろう。にもかかわらず、丸山の「古層」は、多くの論者に共有されている。

それは、「三代目」にかかわる思考に通じる。

「三代目が鍵になる」という言明は、「血」を重視するか／しないか、その線を引く目印になる。「三代目は鍵にならない」とする近代主義的な、能力主義的な立場をとるのであれば、それは、日本の固有性を軽視する方向に傾く。日本の固有性とは、天皇という「系図」の存続を使命とする一族を抱えている点である。天皇家は、もちろん「無邪気な個人主義」には走れない。しかし、その歴史意識は「中今」ではない。永遠につづく現在ではない。昭和天皇のように、みずからを「三代目」として位置づけられる。その点で、彼らもまた近代日本の「あてどのなさ」にふくまれている。

本章で見たのは、戦後の思想空間においても、戦間期の「中今」を「古層」と読みかえたくなる、日本的特殊性だった。それは、おそらく、尾崎行雄にもつうじていた。だからこそ、彼は、昭和天皇に、あの川柳をあてたのだろう。

そして、尾崎が川柳を使えたこと、さらには、無罪判決を受けたこと、その二点もまた、近代日本の「あてどのなさ」をあらわしている。「ムラ社会」として、天皇の「系図」だけを重視するならば、彼の演説は不敬罪として確定したにちがいない。にもかかわらず、裁判という近代社会のルールにもとづいた手続きを経たうえで、無罪判決をうける。

川柳をつかったとして訴追される。それは「ムラ社会」の遅れに見える。けれども同時に、裁判という近代社会の原則が適用され、無罪となる。この点で、「血縁なき血縁原則」というよりも、「無邪気な個人主義」を認める社会でもあった。

尾崎行雄不敬事件と、津田左右吉事件は、七〇年以上過ぎたいまから見れば、どちらが先に起きたのかわからなくなるのではないか。前者のほうが「無邪気な個人主義」を認めているようで、後者はそうではないように映る。裏をかえせば、戦間期といえども、あるいは、だからこそ、あの川柳を天皇にむけられる、その自由さを近代日本は持っていた。それこそが、本書のいう「あてどのなさ」である。古くさい旧弊にだけとらわれているわけでもない。かといって、新しいルールにのみ則っているわけでもない。どちらでもない「あてどのなさ」を、わたしたちは生きているのではないか。

つぎの章では、この点をふくめて、これまでの論点を整理したうえで、まとめよう。

終章

「三代目」と近代日本

1　「三代目」への問い、ふたたび

川田順造による示唆

近代日本とは、みずからを「三代目」と位置づけられる自由をもった社会であったのではないか。二代前をたどれる社会だったのではないか。融通無碍な社会なのではないか。その「あてどのなさ」を特徴とする社会ではないか。本書の仮説であり、問いであった。「三代目」とは、あくまでも仮のタグにすぎないのであって、どこを起点にするのかによって、いかようにでも理解ができるのではないか、ともいいなおせる。本書の問いは、「「三代目」スタディーズ」によって、近代日本における歴史意識のあり方を照らしだすことである。これが本書の認識利得である。

と、ここまで書いたのは、拙著『「元号」と戦後日本』（鈴木 2017）の第6章の冒頭をもとにした文である。

ここでその前著の末尾で引いた文献、文化人類学者の川田順造の時間意識・歴史意識をめぐる、西暦と年号についての見解をあらためて掲げてみよう。

私自身の経験を述べれば、アフリカの奥地で、植民地支配者のもたらしたキリスト教元暦ともあまり関係がなく、日本の年号など知るよしもない人たちのあいだで暮らしていて、日本やアフリカの知友に手紙を書くとき、日付の年をどう書き表すかで、日本や西洋にいて手紙を書くときとちがうある種のこだわりを、私は覚えることがある。相手が日本人のばあい、私は昭和で年号を記す方が、自分や相手の生きてきた、そしていまも生きている歴史のなかに、自分をはるかによく位置づけることができると思う。とはいえ、天皇の在位に即して自分を位置づけることにも、それほど積極的にはなりきれないが、キリスト紀元に義理だてする気は、さらにおこらない。相手がアフリカ人のばあい、日本の年号は通じないので、西洋人あてに手紙を書くときと同じく西暦を使うが、アフリカ植民地化以前の歴史を研究するために現地に暮らしている私にとって、西暦が時の尺度として、もともと人類に普遍的なものではないというあたりまえのことを、あらためて感じさせられる。同じことは、私が直接生きたのではない日本や中国の過去の時代について、私が考えるときにもいえる。(川田 1976→2001: 213-214)

西暦は人類に普遍的ではない。ただし、それ以上に、本書のように「三代目」をタグとした歴史の見方は共有しづらいかもしれない。本書は、「二代目」ではなく「三代目」から、「世代」とは何か、「系図」とは何か、という議論をとらえかえようとしてきた。クロノロジカルな理解を相対化しようとする点において、川田順造の問題意識を引きついでいる。

また、拙著『「平成」論』において積み残した、いかにして「戦後」のリアリティが減衰したのかという問いは、本書にも通じる。その問いは、わたしの、あなたの、わたしたちの歴史意識とはいかなるものなのか、と言いかえられる。「三代目」から歴史意識のありようを問う、という視点であらためて本書の歩みを振りかえる。そこには、『「元号」と戦後日本』と『「平成」論』で試みた、現代日本社会における問いとの共通性を見てとれるに違いない。

柳田國男「家永続の願い」

本書序章では、斉藤史朗『昭和日本の家と政治』を参照して、農村への調査を通じた家族社会学は、日本中の社会学者を引きつけてきた、と述べた。

この点について、家族史の大家である斎藤修によるつぎの指摘からも示唆を得られる。

> 同居集団が下方に延びていたということは、共食共住の集団であると同時に経営体でもあった家の世代間継承が、日本の家族にとって何にもまして重要な関心事であったという事情の反映と解釈できる。柳田國男がいう「家永続の願ひ」が日本の家族形成を特徴づけているとすれば、それに類似した観念は北欧および中欧の直系家族には見あたらない。（斎藤 2002: 26）

「下方に延びる」とは、斎藤の述べるように「家の世代間継承」を指している。民俗学者・柳田國男の「家永続の願ひ」は、前近代的なものなのか。そうした視点に基づいて近代家族を語ろうとする営みこそ、社会学だったのかもしれない。しかし、ここでは右に引用した箇所で斎藤の述べるとおり、「家の世代間継承」の重要性が家族史においても指摘されてきた点を確かめたい。
そのうえで、柳田國男の「家永続の願い」を、本書でこれまでたどってきた議論に照らしながら読みなおすことによって、本書の知見をまとめよう。

1 「家永続の願い」と「三代目」の社会

「家永続の願い」は、いまも『明治大正史世相篇』の第九章に収められている。同書は、もともと昭和五年から翌年にかけて朝日新聞社から全六巻刊行された「明治大正史」の第四巻にあたり、昭和六年一月二〇日付で発行されている。この文章は、全一五章におよぶ同書で、「恋愛技術の消長」の次に配されている。社会学者の佐藤健二は、「家をヨコの関係」でとらえているとしたうえで、「家永続の願い」をつぎのように評している。

「家永続の願い」は、むしろタテの関係でとらえたもの。すなわち、先祖・親子・他界とのつながりにおいて、家を基体とする宗教意識の近代における変容の諸要素に焦点をあてている。これらは、広い意味での家をコミュニケーションの相互作用において論じ、家族や小集団を考

えてきた社会学の領域と重なる。（佐藤 2000: 123）

その、「社会学の領域と重なる」部分は、九州は福岡の門司で、ある師走の雨の日、九五歳の老人が傘もささずに、風呂敷につつんだ四五枚の位牌を背負ってあるいていたところを警察署で保護された、という話に始まる。

「ちやうど一年前の朝日にも出て居る」（柳田 1931 → 1998: 507）と書かれているので[1]、当時の新聞記事を調べたものの、筆者はまだ見つけられていない。しかし、この最初の段落のつぎの記述に注目しよう。

> 我々の祖霊が血すぢの子孫からの供養を期待して居たように、以前は活きた我々も其事を当然の権利と思って居た。死んで、自分の血を分けた者から祭られねば、死後の幸福は得られないという考え方が、何時の昔からとも無く我々の親達に抱かれていた。家の永続を希う心も、何時(いつ)かは行かねばならぬあの世の平和のために、是が何よりも必要であったからである。（柳田 1931 → 1998: 507、強調は引用者による。引用にあたってかなづかいをあらためた。以下同様）

九五歳の老人が、位牌を抱いて雨の師走の街をさまよう。柳田は、かれに着目したうえで、「祖先の記念は今の人が想像して居るように、文字を刻んだ冷たい石の塔では無かった」（柳田

1931 → 1998: 509）として、位牌や墓石にこだわる「明治大正」の世相に再考をうながしている。「家の永続を希ふ心」は死後の幸福に由来する。こうした柳田の考え方は、本書の序章で掲げた「三代目」の恣意性、そして近代日本の「あてどなさ」とかかわる。

家へのこだわりは、「何時かは行かねばならぬあの世の平和のため」だと柳田は書く。この平和を得るために、墓は、「曾ては一種の忘却方法であったものが、後には永久の記念地と化し、人は競うて大小の石を立てて、各々祖先の埋葬所といふ土地を占有しなければならぬようになった」（柳田 1931 → 1998: 510）のである。そして、この占有のために財力を必要とする以上、「唯資力の豊かなる者のみが、幅をする場処と化したのである」（柳田 1931 → 1998: 511）。

こうなる前、江戸期に「藩」のあったときには、数回の国替があり、故郷を断念していたものの、群と行動を共にしていた。これに対して、明治の廃藩によってつぎのような仕組みになったと柳田は述べる。

> 移動の強制は些しも無かった代り、各人に取って余りにも散漫なる選択の自由があった。最初に大切なる接合剤を抜取ってしまって、郷里の生活を意義の無いものにしたのであった。それ故に人が一代というより短い期間に、活気有る者から順々に離れ去って、意図は次々に其跡へ住み替り、たまゝ残り住する者にも、我処という感は与えなくなってしまった。しかも出て行つた者の大多数も、今はまだ第二の故郷を確定して居ない。つまり新たに是だけの家数が、

日本の移動分子として表層に浮び出でたのである。(柳田 1931 → 1998: 515、強調は引用者による)

こうした仕組みは「三代目」という血統に対する信頼と、その反面での嫌悪の循環を生み出したのではないか。

本書第1章ではつぎのように述べた。(1')「創業○年」という由緒正しさに重きを置く、と言われる背景には、(2')その由緒正しさを担保する見えない資産に乏しい、それだけに、(3')その空虚さを支えようとして、より一層、「家」や「家系」に重きを置こうとする。それゆえに、かえって(1')への嫌悪もまた、「ボンボン」、とりわけ「売家と唐様で書く三代目」というかたちで、揶揄される。

この(2')にあたるのは、柳田のいう、新たに「表層に浮び出でた」家の新しさ、つまりは、「故郷といふものを断念すべき時代」(柳田 1931 → 1998: 514)の産物である。故郷や土地、とりわけ農地という「目に見える資産」を持たないがゆえに、(3')その空虚さを支えようとして、より一層、「家」や「家系」に重きを置く。さもなければ、これも柳田の指摘するように、栄達を遂げようと刻苦勉励する。

明治大正の栄達者は、大半は貧乏士族の子弟であり又苦学者であつた。独り文武の官吏だけで無く、政治学問技術等の何れの方面に逸出した者でも、何も怖しい程の背後の刺戟者を持つて居た。人に負けないといふことを唯一つの先祖への供物として、無理な忍耐をして家の名を興したといふのが、日本の立志伝の最も有りふれた形式であった。（柳田 1931→1998: 516、強調は引用者による）

第1章で、わたしの母方の祖父を題材に述べたとおり、読書もまた立身出世のツールであり、それを利用して都会に出て、そこでお金持ちの娘と結婚し、地位をあげる。柳田の指摘する「最も有りふれた形式」に、わたしの祖父もまたあてはまる。第2章では、この「有りふれた形式」をこえて、より大きなスケールで「三代目」をとらえようと試みた。

2　いくつもの「始まり」としての「三代目」

本書第二章では、エドワード・W・サイードの『始まりの現象』によせて、「三代目」を「起源」ではなく、「複数の始まり」（beginnings）として位置づけた。そこに、先にも述べた恣意性は入りこむとともに、複数性、広がりを見いだせる。

柳田の「家永続の願ひ」には、つぎのような一節が見られる。

家はいよゝ人口の増加と共に、次々に分れて行かなければならぬことになった。人が新たなる家々の第一祖とならうといふ意気込が、当然に昔の活きゝとした親の愛を蘇らせてくれたことは、何よりも悦ばしい新世相といふべきであった（柳田 1931 → 1998: 521、強調は引用者による）

恣意的でありながらも、いくつもの「始まり」でもある「三代目」は、柳田のここで述べる「意気込」に通じる。江戸期まで背負ってきた家、土地、職業とくびきから解きはなたれて、「新たなる家々」を作ろうとする。それを柳田は「何よりも悦ばしい」と歓迎する。

なぜか。職業の分解があったからである。

故郷の土地から移動すると、もはや農業を営まなくてもよい。農業ではなく、もっと豊かになれる職業へと分かれていくべき、とすら考えるようになる。農民が土地を出ていくのは、「士族の場合とちがって、常にもう一段と幸福な生活を、捜し求めようとする動機に基づいて居るからであつた」（柳田 1931 → 1998: 517）からである。家長に従い、養われる立場に甘んじるほかなかった農民たちは、明治期における「戦争その他の外部交渉が起こって」（柳田 1931 → 1998: 518）家という団結の分解へと踏みだしていく。

血のつながりを優先する「ウジ社会」としての「家」を出て、自ら「家々の第一祖とならうといふ意気込」をもって「イエ」をはじめようとする。これが「イエ社会」である。こうした「ウジ社会」と「イエ社会」を結びつける点にこそ「三代目」をタグとしたときの恣意性もあらわれる。この点を第2章で確かめた。

柳田は、こうした傾向、つまり、農民が農業だけではない職業へと分解してゆく仕組みを次のように述べる。

家が小さくても住んで行けるといふ安心、農業の為だけにはそう沢山の者が結合して居るに及ばぬといふ経験が、結局は家を最小限度にまで分解させたのであったが、武家や商家に比べて、農民には其時が遥かに遅れて来たのである。（柳田 1931 → 1998: 519）

農民たちの「何にでもなれるという自信が、幾分か職業の選択を粗陋（そろう）にし、又中途からの転換を頻繁ならしめた」（柳田 1931 → 1998: 519）。だから、「家の存続といふ点から考へるならば、転業は可成り大きな不利であった」（柳田 1931 → 1998: 520）、とつづける。

ただし、こうした変化は、柳田にとって先に引用したとおり「何よりも悦ばしい」ものであり、同時に「急激に日本の社会相が複雑に又興味多くなった」（柳田 1931 → 1998: 520）。柳田は、「ムラ社会」へのなつかしさを感じているわけでも、そこへの回帰を望んでいるわけでもないだろう。なぜなら、柳田の視線は、本書第2章において挙げた「無邪気な個人主義」の発露する地点としての「三代目」ともつうじるからである。

「無邪気な個人主義」とは、個人を尊重せよ、といった強い権利主張ではなく、アドホックな思いによる、気まぐれのような個人主義にほかならない。「三代目」は、この「無邪気な個人主義」

をはっきりと観察できる地点である。

「売家と唐様で書く三代目」という川柳を、柳田の議論に照らすなら「無邪気さ」と理解できる。柳田は、以前は、「子供を小さな時から人に与へるといふことも、民間では普通の習慣であつた」（柳田 1931→1998: 522）ことについて、「大抵は余りに多過ぎるから、又は養育に手がまはらぬから」といった「稍身勝手なる動機の方が先に立って居た」のであり、「子を宝といふ古くからの諺を誤解した」（柳田 1931→1998: 522）と批判するからである。

これに対して、執筆当時、昭和六年の時点をつぎのように観察する。

> 教育が著しく子供本位になった。我子の幸福なる将来ということが、最も大切な家庭の論題になつて居る。職業は幾分か反動的に、家の要求というものを度外に置いて決せられる。というよりも出来るだけ長く、其選択を未定にして置いて、当人の自由を留保しようとする。是が又頗る生活の転換、家の移動を烈しくする結果を導いて居るのである。（柳田 1931→1998: 522、強調は引用者による）

この「当人の自由」ゆえに、家を潰して売家にしてしまったり、あるいは、わたしのように医者としての家を継がなかったりする。これこそ「無邪気な個人主義」の発露ではないか。

柳田の議論は、育の問題、孤児の問題へと転じていく。これは、本書の第3章で扱った「三代目」の自覚にかかわる。

3 「三代目」という「孤児」

「家永続の願ひ」という章は、最後に孤児をあつかっている。

「孤児はどこに行っても家々の伝統から不自然に遮断せられた者であることは同じだが、村にはまだ少しばかり、彼等の為の機会が残されてあった」（柳田 1931→1998: 523）と柳田は記す。農民が農民として故郷にとどまっているかぎりにおいては、職業選択の自由はなく、移動の自由も制限されていた。しかし、そのころには、孤児を村という共同体で養う余裕は残っていた。いっぽうで、親の古くからの知り合いは、それまでとはちがって、村にとどまらなくなる。孤児を育てて面倒を見る財力も興味もともに誰も持てなくなる。

> 幸ひに遺産が有っても、土地のように管理の方法の公けで無いものは、之を成長の後まで残して置くことが容易で無い。まして**何物をも持たぬ者が無事に大きくなる**といふことは、故郷以外の土地に於ては想像し得られなくなったのである。（柳田 1931→1998: 524、強調は引用者による）

土地も財産も何も持たない者は、故郷の外では成長できない。にもかかわらずその故郷は、もはやかつてとは違う。故郷でなければ育つことはできないのに、その場所は、それまでとは異なっている。こうした点において、第3章で見た小田実は、「三代目」としての役割を自覚した「孤児」だったと言えよう。第3章では、小田実による『何でも見てやろう』の末尾が「三代目」を主題にしてまとめられているところに着目した。小田と同年のフランス文学者・阿部良雄もまた、「三代目」としての自覚を持ってヨーロッパに渡り滞在記をものした点も論じた。そして、小田が同書の末尾に記した「ハラにこたえた」という文言は、「三代目」という世代への自覚に基づくと解した。この自覚は、「家永続の願ひ」に照らせば、すなわち、「孤児」として、つまり、故郷としての日本以外では生きられないにもかかわらず、その日本はもはやかつてとは違う。この大がかりな変化の一〇〇年（明治一〇〇年）を生きてきた彼ら特有の自覚である。

現在収められている全集では、わずか一八ページにすぎないその文章を、柳田はつぎの一節で結んでいる。

我々の生活方法には必ずしも深思熟慮して、採択したということが出来ぬものが多い。それに隠れたる疾（やまひ）があっても、些しでも不思議なことは無い。問題は如何にすれば夙く之に心付いて、少しでも早く健全の方に向ひ得るかである。是を人間の智術の外に見棄てることは、現在の程度ではまだ余りに性急である。（柳田 1931 → 1998: 524、強調は引用者による）

柳田の指摘するとおり、わたしたちの生活には、みずから「選んだ」との感覚をもてない部分のほうが大きい。そこに「疾(やまひ)」があったとしてもあたりまえだろう。

すると、ここで言われている「健全」とはいったい何だろうか。「健全」とは、本書のわくぐみでいえば、「無邪気な個人主義」を発揮できることと言いかえられよう。序章から述べてきたように、日本近代は、個人にたいして、みずからを「三代目」と認識する自由を許している。本書は、その恣意性にこそ「三代目」の社会としての近代日本の特徴を見いだしてきた。すると、こうした「健全」さをはかるインデックスとして、「三代目」の裁量をあげられよう。その裁量は、職業も人生もどちらも選ぶことのできるものである。

第4章で見たように、「世襲は古いならわし」か否かは、議論の的ではない。「世襲」であろうとなかろうと、第五章で見た天皇家のような選択肢のない状況よりは、はるかに「健全」である。近代日本の「三代目」をめぐる自由さ＝恣意性と、天皇をめぐる仕組み、その二つは、たがいに争うかのような状況を呈するほかない。相克するしかない。

では、企業でも天皇でもなく、わたしたちにとって「三代目」という恣意性は、どのような意味を持つのだろうか。「三代目」によって日本近代をどのように見つめなおせるのだろうか。

4　ふたたび近代日本の歴史意識の解明に向けて

この節の見出しは、拙著『「元号」と戦後日本』の第6章を引きついでいる。そこでわたしは、つぎのように書いた。

> つまり、恣意的であるにもかかわらず、「近代」や「戦後」というインデックスは生き延びてきたのではない。そうではなく、恣意的であるがゆえにこそ、日本という国号と元号という指標が営々と、日本という国の同一性を担保してきたこの国においては、その同一性を生ぬるく乱す突発的なイベントとして、大騒ぎされてきたのである。だからこそ、一八六八年や一九四五年は何度も繰り返しゼロ地点として語り継がれてきたのである。（鈴木 2017: 253、強調は原文）

本書に照らせば、「三代目」というタグは恣意的であるにもかかわらず説得力があるのではない。そうではなく、恣意的であるがゆえにこそ、たとえば「売家と唐様で書く三代目」のように、あるいは、見田宗介の述べる「三代目の社会」のように説得力を持つかのように使われてきたのである。本書の序章で述べた「三代目」というタグの恣意性に、ほかならぬ本書こそ乗ってきたのである。

本書は「三代目」をタグとして近代日本を見るときに、どのような特徴を抽出できるのか、その点を議論してきた。その「あてどのなさ」を読んできた。

ここでは、柳田國男による「家永続の願ひ」に本書の議論がどこまであてはまるのかを確かめようとした。その当否については、読者の判断を仰ぐしかない。最後に「三代目」という視点によって、近代日本の歴史意識の解明へとつながる本書のスタンスについていまいちど述べておきたい。

本書の議論に対して、「三代目は恣意的だ」とか「三代目では何もわからない」といった反論が寄せられる。それ自体、本書にとっての成功なのであって、「三代目」をもとに議論ができることを示している。「二代目」ならばわかるのか。もしくは「四代目」だとわからないのか。そうした議論につながるのだとすれば、本書の試みは成功している。

本書では、『「平成」論』や『「ことば」の平成論』といった、わたしの以前の著作につづき、個人的な体験をもとに議論してきた。社会学者であればこそ、みずからをその題材として検証されなければならないと考えているからである。終章で柳田國男を参照した理由もまたそこにある。柳田國男は、わたしとは逆に、固有名詞をほとんど使わずに「世相」を描きだそうとした。個人の事情や、地域の実情といった個別のコンテクストにとらわれずに、広くひらいていこうとする姿勢に基づいていた。

佐藤健二の指摘するとおり、その戦略は、ひとつには、「歴史を考える者の視野を根本から広げる」（佐藤 2000: 127）点で、いまひとつは「その概念化の強制において、一定の普遍性を生み出している点」（佐藤 2000: 128）という「二重の効用において評価すべきであろう」（佐藤 2000: 127）。

それとともに、これも佐藤の言うとおり、柳田みずからは、『明治大正史世相篇』を「不手際な失敗作」だと語ってきた点にも気をとめなければなるまい。この意味で、本書もまた、ことによると「不手際な失敗作」なのかもしれない。

佐藤の指摘を借りれば、柳田の「失敗」とは、「変貌のメカニズムを明晰な分類と比較との提示をつうじて一目瞭然には明らかにはできなかったこと」であり、「とりあげた問題の記述の密度がまだこれでも散漫」だったことであり、「論点がいくつかの暗示の複合のままに提示されて終わっている例も多い」からだと言えよう（佐藤 2000: 129）。こうした批判は本書にもあてはまる恐れがある。

近代日本とは、柳田の試みたように、決して成功ばかりではないどころか、失敗を積み重ねてきた歴史だったのかもしれない。ただそれは、わたしたちの歴史意識、つまり、どのように時間と空間をとらえるのか、という物の見方を根っこのところで規定している。その規定の仕方をめぐって、本書では「三代目」というタグを通じて、近代日本の歴史意識の解明に向けたいくつかの概念化を試みた。その試みに対して賛否が出ることこそ、本書にとっての成功といえる。

「三代目」をきっかけとしてさまざまな見方を提供できるなら、本書にとって望外の喜びである。

あとがき

「三代目」といえば、ダンス&ボーカルグループ三代目J SOUL BORTHERSを思いうかべます。「三代目」という、世代と系図にまつわる歴史意識は、いまの日本では、どうなっているのでしょうか？

社会学者の加藤秀俊先生から「三代目」という視点を示していただいたのは、三年ほど前でした。足利義満、徳川家光といった各幕府「三代目」の重要度、あるいは、「平成」を戦後「三代目」の終わりとする見方など、いくつもの論点をめぐり、加藤先生とメールを交わしました。北朝鮮は金日成の「三代目」なのか？　ロシア革命から「三代目」を見つけられるだろうか？　といったテーマで楽しいやりとりをしました。

本書は、生みの親である加藤先生の想像と、どう違うのでしょうか。ご感想を楽しみにお待ちするとともに、あらためて深く御礼を申しあげます。ありがとうございました。

近代日本とは「あてどのなさ」を特徴としているのではないか？　「あてどのなさ」とは、自立した自由な個人の意志にもとづく社会でもなければ、ならわしに囚われた共同体でもない、宙ぶらりんな様子です。たとえば、「世襲／たたきあげ」のどちらを重視するのかという問いに、簡単には答えられない社会が近代日本ではないか？　これが本書の仮説です。

誰もが自由に「三代目」を名乗れるのが近代日本ではないか？　この点をめぐって、わたしの家を出発点に、小田実や松下正幸、豊田章男、そして尾崎行雄といったさまざまな分野での「三代目」をめぐることばをもとに考えてきました。

本書の立場については、終章で述べましたので、くりかえしません。ここでは、本書を世に出すまでにお世話になったみなさんへの御礼をお伝えします。

本書は、ほぼ書き下ろしです。

補論1は「「昭和」対「平成」の世代間戦争」（小谷 2017）を、補論2は「経営者は、引退できるのか？――会社の「モノ性」と「ヒト性」をめぐって」（『現代思想』二〇一九年三月号）を、それぞれ大幅に書きあらためています。小谷敏先生、世界思想社の川瀬あやなさん、『現代思想』編集部の村上瑠梨子さんからのお声がけを、本書につなげることができました。ご依頼、そして、執筆過程での適切なご助言に、感謝します。

『一冊の本』編集部の中島美奈さんは、着想しかなかった時点で同誌に二〇一九年五月号に「岐路にある三代目」という文章を執筆する機会を与えてくださいました。それをご覧になった朝日新聞の日浦統さんは、同紙で「三代目」をめぐるインタビュー(同年六月一一日朝刊)を載せてくださいました。本書は、おふたりから頂戴した多くの刺激への御礼です。

本書は、『「元号」と戦後日本』(鈴木 2017)を出していただいたあと、青土社の足立朋也さんが「つぎは書き下ろしの単行本を」と打診してくださったことからはじまりました。当初は、「いろんな三代目がいる」といった、軽い読み物を想定していたものの、なかなか書き進められません。担当者が加藤峻さんに代わり、話しあうごとに学術的な色あいを強め、「スタディーズ」という書名に落ちついた次第です。物腰やわらかなのに、学術書の編集者としての凄みを感じさせる加藤さんが担当でなければ、本書をかたちにできませんでした。本当にありがとうございます。

自分の家族を素材にしました。礼を述べるべきですが、祖父母はみなこの世にはいません。父方の祖母・良江は、わたしに茶道を教えるとき、その本質を「一期一会」と話していました。本書は、わたしが祖父母から聞きとった話をもとにしていますから、「一期一会」を実行できたのでしょう。読者のみなさまにとって本書が「一期一会」であれば光栄のきわみであり、祖父母への礼に代えられます。

良江は、柳田國男の愛読者でした。読みこんだ『木綿以前のこと』（創元社、昭和一四年初版）には、同一六年九刷の背表紙裏に「昭和十七年　小松良江」という、当時十九歳の彼女による署名があります。彼女の「三代目」だったから、わたしは柳田を頼りに本書を終えたのかもしれません。

彼女は読売新聞も愛読していました。わたしが同紙の読書委員を務めたことを、泉下で喜んでいるでしょう。本書の執筆期間は、読書委員の二年間と重なります。わたしの文章が少しでも良くなっているとすれば、同社の小林佑基さん、松本良一さんのご指導の賜物です。文の細部へのこだわりは、厳しくも楽しい。体で教えていただいたこと、記して感謝します。

リブロとジュンク堂の名物書店員・田口久美子さんには、以前にも増して大変お世話になりました。田口さんは、わたしの父の再従姉妹で、親戚づきあいが広い。つないでいただいた親類から、わたしの祖父・誠一について聞きとることができました。本書が田口さんのお眼鏡にかなうなら、と祈りつつ、御礼を申しあげます。

執筆に行きづまっていたころ、遠藤知巳さん、佐藤俊樹さん、石倉義博さん、葛山泰央さん、品田知美さんに社会解釈学研究会でご検討いただいたおかげで、なんとか書き終えた次第です。今回もみなさんの学恩は大きすぎました。これからもどうかよろしくお願いいたします。

最後に、造本に関わってくださった方々に心から御礼を申しあげます。『「元号」と戦後日本』につづいて今回も目の覚める装幀をご提供くださった水戸部功さん。無理なスケジュールにもかかわらず、こともなげにこなしてくださった印刷会社の方々。モノとしての本を愛するわたしにとって、出版にかかわれることは幸せです。

本書を世に送りだしてくださったみなさま、そして、手にとってくださったみなさまに、衷心より御礼を申しあげます。

令和三年一月

著者　識

注

序章

1　たとえば、斉藤史朗『昭和日本の家と政治——日本社会学における家理論の形成と展開』（斉藤 2018）に見られる。

2　比較家族史学会監修による『家族研究の最前線』（日本評論社）を挙げられる。各巻の構成は、つぎのとおりである。加藤彰彦・戸石七生・林研三編著「1　家と共同性」二〇一六年、平井晶子・床谷文雄・山田昌弘編著「2　出会いと結婚」二〇一七年、小山静子・小玉亮子編著「3　子どもと教育——近代家族というアリーナ」二〇一八年、小島宏・廣嶋清志編著「4　人口政策の比較史——せめぎあう家族と行政」二〇一九年。

3　（山畠 1994）（園井 2020）などをあげられる。

4　「ファミリーヒストリー」番組ホームページ https://www.nhk.jp/p/famihis/ts/57RY735RG4/
（最終アクセス二〇二一年一月五日）

第1章

1　「名士」は、中国語にもあるし、また、フランス語の personnalité のように、西ヨーロッパ圏にも見られる。他方で、「名望家」は、主として「名望家政党」のように、明治期から大正期の日本語圏での集団を指す場合に使われる。現代日本語でしばしば使われる「セレブ」のフランスにおける誕生を描いたアントワーヌ・リルティ『セレブの誕生——「著名人」の出現と近代社会』（リルティ 2014 → 2018）を参照されたい。

2　同校の卒業生としては、近年では、津田大介（一九九一年卒）、ひろゆき（一九九五年卒）、斎藤貴男（一九五七年卒）や種村季弘（一九五一年卒）、原卓也（一九四九年卒）もいる。歴史家の網野善彦、作家の丸谷才一といった著名人が定時制を含めて教鞭をとっていた。その話を、誠一は、ときおり誇らしく語っていた。

3　板橋区近辺で富裕層の住む場所としては、同区の常盤台が有名だろう。東武東上線の常盤台駅を中心に楕円状に広がる街並みは、大田区田園調布と比べられることもあり、確かに敷地面積の広い住宅は多い。ただし、ここで使う「富裕層」というカテゴリーをどう定義するのかによっても左右される。

4　浅田宗伯は、幼少期の大正天皇を診察している。この診察については、「痰やよだれが絡んで息が絶え絶えになったとか、大便が青くなったとか、随所に生々しい記述が見られる」と、政治思想史家の原武史が『大正天皇』（原 2000 → 2015: 43）に記している。

5　彼の晩年については、ジャーナリストの田崎史郎『経世会――死闘の七十日』（初版は一九九六年に講談社からペンネームの「大塚清二」名義で出版され、その後、二〇〇〇年に本名名義で文春文庫から再刊されている）に詳しい。

第2章

1　「業歴100年以上の「老舗企業」、全国に約3万3000社」https://www.tdb.co.jp/report/watching/press/pdf/p190101.pdf 帝国データバンク、（最終アクセス二〇二一年一月五日）。

2　もちろん、西武グループの堤家のように、母親を複数持っている場合もあるので、「二代目」の出発点は二つに限られるわけではない。

3　たとえば、林川友貴「学歴‒職業間関連の世代間変化の要因分解――ジニ分離指数と Shapley 分解によるアプローチ」http://www.l.u-tokyo.ac.jp/2015SSM-PJ/05_12.pdf（最終アクセス二〇二一年一月五日）。

4　たとえば、二〇一五年八月一二日付の読売新聞朝刊では、「1979年8月、日本の近代化の特性を分析した研究書の刊行が話題をさらった」と記している。また、著者たちの追悼記事には、その代表作として必ず言及される。

5　例外として、関曠野『野蛮としてのイエ社会』（関 1987）。

補章1

1　「ほぼ週刊若者論テキストマイニング」後藤和智の若者論と統計学っぽいチャンネル http://ch.nicovideo.jp/kazugoto（最終アクセス二〇二一年一月五日）後藤和智事務所 OffLine サークルブログ https://kazugoto.hatenablog.com/（最終アクセス二〇二一年一月五日）

2　https://twitter.com/t_akagi　https://twitter.com/kazugoto（最終アクセス二〇二一年一月五日）

3　最近ではたとえば、橋下徹の政治手法を批判する文脈（小森 2012）でも使われる。

4　同時期に、「昭和ノスタルジー」に浸っていたありさまとの対比も象徴的だろう（浅岡 2012）。

5　小泉政権が、いわゆる「新自由主義的改革」を押し進めていたか否かについて本稿では論じないが、上川龍之進による分析（上川 2010）を参照。

6　邦訳すれば「失われた世代世代」となるほかないこの標語を打ち出したのは、二〇〇七年元旦から特集記事を掲載し、書籍化（朝日新聞「ロストジェネレーション」

取材班 2007）した朝日新聞である。ここにも「世代論」の臨界が見てとれる。

第3章

1　この呼び方は、Wikipedia などでは、お笑いコンビ・霜降り明星のせいやによる、二〇一八年一二月二二日の深夜ラジオ番組での発言が発端とされる。

2　霜降り明星「M－1」最年少優勝で新しい風「次の世代を作っていきたい」『お笑いナタリー』https://natalie.mu/owarai/news/310500　、強調は引用者による。（最終アクセス二〇二一年一月四日）

3　「ジャニーズアイドルとお笑い芸人が、新時代のテレビバラエティーを担うスター候補である〝第七世代〟として、未来の真のスターを目指して勝負する」「フジテレビュー!!」https://www.fujitv-view.jp/article/post-16506/（最終アクセス二〇二一年一月四日）

4　徳富をめぐる研究の概観としては、（西田・和田・山田・北野編 2003）を参照。

5　徳富猪一郎『新日本之青年』集成社、1887年、国立国会図書館デジタル化資料 http://dl.ndl.go.jp/info:ndljp/pid/808919（最終アクセス二〇二一年一月四日）

6　「彼らの思想の骨格にはまだ確固とした儒教的倫理観があり、その上で主として政治や社会の問題に強い関心を示していたのに対し、「明治ノ青年」たちは、一方では哲学思想そのものの理論的な把握、学術的な受容に努めながら、他方ではとくに倫理的、宗教的問題に強い関心を示し始め、明治三十年代以降になると、近代的個人意識の成長とともに、とくに個人の内面的世界における自我の自覚と確立という問題が追求され始める。いかにして人生の根拠をつかむか、どこに生の根拠を置くかといった「人生問題」への懐疑が知的青年層の間に広がり、この時代を覆う根本気分となっていった」（井上 2002: 28）

7　同書についての評価としては、小田より一年年上の比較文学者・芳賀徹による次のものを参照されたい。「彼のなかにももちろん例の日本的な獣はうずくまっているにしても、彼はそれをよく自覚し手なづけて、隠すでもなく抑えつけるでもなく、また見せびらかすでもなく、自分の天然の美質として実にのびのびと生かしてゆくのだ」（…）「度胸とニコニコの「何でも見てやれ」主義で、相手の国をも人をもたえず相対化して見るから、メロメロの感激やコチコチの緊張、いずれの方向にも過剰にならず、世界が遠くまで立体的にはっきりと見渡せる。当然祖国日本の列島もその視界のなかに相対化されて浮かび上り、こうして見直せばこれは疑いもなく恵まれたい国で、この国を踏まえて世界に向ってなすべき仕事こそ山とあることを自覚する。このタフな経験主義・相対主義の知的冒険家が、世界を股にかけ、大股のステップで、雨にも風にも文無しにもめげず、鼻唄まじりで歩いて行く。その放浪と自己発見の姿勢は、小田氏自身の青春讃歌ともなっていて、まことに痛快であり、爽快であり、近代日本比較文化史上の一つの見ものともいいうるものだ」(芳賀 1974: 412)。

8 安岡章太郎は、「いつの間にか先進国のそばまで追いついて、いまや物心ともに何を目指して先へ進んだらいいのか、模範になるもの、パターンになるものが、何一つ失くなったという意味で、三代目といわず、われわれ全体がひどく孤独に立ち往生を余儀なくされているということだ」(安岡 1971: 426) と評している。その背景として、「高校生の時分に小田は京大教授の桑原武夫氏のところへ遊びに行き、東大と京大とどっちへ入ったらいいだろう、と相談を持ちかけたという。桑原教授は、ずうずうしとも人を食ったとも言いようのない質問にアキれながら、「そりゃ、どっちも好ぇ学校やけど、入学試験いうもんがあることを忘れンようにな」とこたえたところ、小田は落ち着き払って、「それやったら、べつに心配ないと思います」と返答した」ような、彼の性格をあげている(安岡 1971: 420)。

9 小田をめぐる評価については、たとえば、(平井 2019) を参照されたい。「かつての留学イメージを百八十度展開させた新時代の登場を意味した指摘」(粕谷 2008: 32) という指摘、あるいは、(小熊 2003)、(竹内 2011)、(神子島 2015) も参照されたい。また、杉浦明平(一九一三—)は、「戦後まもなく世代論争がにぎやかだったころがある。がこの『何でも見てやろう』を読んだときほど鮮明に戦前派のわたしたちとはまったく質の異なる新しい世代が生まれた、いや、自己の声をあげたと感じたことはない」(杉浦 1970: 4)

10 この三つの引用は、いずれも加藤周一『ある旅行者の思想——西洋見物始末記』(角川新書、一九五五年一二月)より、それぞれ、二〇六、二〇六、二〇八頁である。同書は、一九五一年から一九五五年にかけて加藤周一が、西ヨーロッパで生活した記録である。

第4章

1 たとえば、「世襲」という言葉を日本語以外、試みに英語に訳そうとするとどうなるのか。手元にある「プログレッシブ和英中辞典」によれば、「世襲の」の訳語として hereditary とあり、用例として世襲議員を a Diet member from a political dynasty、世襲財産を inherited property としている。では逆に、hereditary を辞書で引くとどうなるか。同じ系列の「プログレッシブ英和中辞典」では、ひとつめの意味として「〈病気が〉遺伝性の」とあり、用例は hereditary characteristics（遺伝形質）、の意味として「〈称号・財産などが〉相続権による、世襲の」とあり、用例は hereditary wealth（遺産）である。

日本語でも、たとえば、その語の初出に気を配っている『日本国語大辞典』では、古い事例として一八七一年の「方今各藩の知事門閥を以て職務を世襲し多く其任に当らず」との使い方をあげている。

2　ここで注意しなければならないのは、創業家の読み方が「とよだ」と濁る点である。これも「いっけんすると」常識のように思われるけれども、しかし、トヨタ自動車の運営するウェブサイト：GAZOOには、次のような記述がある。

「国内販売数でトップシェアを誇るトヨタ自動車は、創業者の豊田喜一郎氏の名前にちなんでつけられています。実は創業当時は「トヨダ」だったそうですが、一九三六年に行われた「トヨダ・マーク」の応募がきかっけで「トヨタ」になりました。「トヨタのほうがさわやか」「画数の縁起がいい」なんて理由もあるそうですよ」

https://gazoo.com/article/daily/171015.html（最終アクセス日二〇二〇年一二月八日）。

3　念のため説明しておくと、「パナソニック」は和製英語で、一九五五年、同社の「輸入用スピーカーの名称として、Pan（汎、あまねく）とSonic（音）という言葉を組み合わせ、「当社が創りだす音をあまねく世界中へ」という思いを込めて作成」されたものである。https://www.panasonic.com/jp/corporate/brand/our-brand/brand_identity/corporate_brand.html（最終アクセス二〇二〇年一二月一〇日）

4　松下正幸「松下家三代目が語る祖父・幸之助の素顔」『BOSS』二〇〇七年二月号、二二頁。

5　鈴木洋史「二、三代目に強烈な個性はいらない　息子だから継げる会社じゃないのにね」『DIME』一九八八年一〇月六日号、六四頁。

6　注5に同じ、六五頁。

7　同社をめぐっては、書籍の出版をはじめ、山のようなことばがついやされてきた。ここでは差しあたり、ノンフィクションとして佐藤正明『ザ・ハウス・オブ・トヨタ——自動車王豊田一族の百五十年』（佐藤 2005→2009）や、フィクションとして梶山三郎『トヨトミの野望』（梶山 2016→2019）、同『トヨトミの逆襲』（梶山 2019）を挙げておく。

8　この媒体の扱いをめぐっては、古谷円「新時代ネットメディアと「オウンドメディア」の現状」『ZAITEN』二〇二一年一月臨時増刊号「新時代のメディアと企業広報」七七—七九頁を参照。

9　https://toyotatimes.jp/special/002.html?padid=from_t-times_special-top_special002_190101（最終アクセス二〇二〇年一二月八日）

10　前掲、『選択』、八四ページ。

11　https://www.youtube.com/watch?v=l147wqKkq6A「豊田章男　米国バブソン大学卒業式スピーチ「さあ、自分だけのドーナツを見つけよう」『トヨタイムズ』二〇一九年六月一〇日アップロード。米国ボストン郊外にある同大学で二〇一九年五月一八日に行ったスピーチである。（最終アクセス二〇二〇年一二月八日）

12　たとえば、「明暗が分かれたソニーとパナソニック」日本経済新聞二〇二〇年一一月二〇日社説。

13　https://www.panasonic.com/jp/corporate/ad/experience/sakura.html（最終アクセス二〇二〇年一二月八日）

14　注釈10と同じサイトによる。

15　http://www.toyota.co.jp/Museum/about/（最終アクセス二〇二〇年一二月八日）

16　http://www.tcmit.org/outline/（最終アクセス二〇二〇年一二月八日）

補章2

1　武田健太郎「結局、会社は誰のものなのか?」『日経ビジネス』https://business.nikkei.com/atcl/opinion/15/221102/051100576/（最終アクセス二〇二〇年一二月四日）

2　岩井克人が強調するように、「株式会社には経営者の存在が絶対に必要」であり、そこに、「個人企業や共同経営の経営者と株式会社の経営者とのあいだの、決定的なちがいがある」（岩井 2003 → 2009:109）のだが、本章では、メインのテーマではないため、別の機会に譲りたい。

3　全国社長年齢分析（二〇一九年）https://www.tdb.co.jp/report/watching/press/p190110.html（最終アクセス二〇二〇年一二月四日）

4　二〇一七年全国社長の年齢調査 http://www.tsr-net.co.jp/news/analysis/20180213_02.html（最終アクセス二〇二〇年一二月四日）

5　永野、前掲著、九一頁。

6　「不信増幅「お家騒動」、セブン&アイHD鈴木会長突然の交代劇、「井阪問題」引き金に、次男登用で波紋、創業家との蜜月終えん」『日経MJ』二〇一六年四月一〇日。

7　『日経MJ』前掲。

8　「ヨーカ堂「利益供与」説明なしただただ陳謝　初のトップ引責辞任」『日本経済新聞』一九九二年一〇月

二九日夕刊。

9 「「社内反対、もはや信任ない」、セブン&アイ鈴木会長、現体制に懸念」日経産業新聞二〇一六年四月八日。

10 （坂井 2019: 190）による。同書の趣旨は、本章とは別のところにあるものの、ここでは自営業者数の減少に着目する意味で引用している。

11 二〇一七年版中小企業白書　概要 http://www.chusho.meti.go.jp/pamflet/hakusyo/H29/PDF/h29_pdf_mokujityuuGaiyou.pdf（最終アクセス二〇二〇年一二月四日）

12 経営「者」を数えるため、単位は「者」として数えられている。

13 日本政策金融公庫総合研究所「中小企業の事業承継に関するインターネット調査」https://www.jfc.go.jp/n/findings/pdf/sme_findings160201.pdf（最終アクセス二〇二〇年一二月四日）

14 中小企業庁長官、平成三〇年年頭所感。http://www.chusho.meti.go.jp/soshiki/nentouShokan/2018Year.htm（最終アクセス二〇二〇年一二月四日）

15 「平成30年度年次経済財政報告公表に当たって」https://www5.cao.go.jp/j-j/wp/wp-je18/pdf/p00010.pdf（最終アクセス二〇二〇年一二月四日）

16 中小企業庁長官、平成31年年頭所感。http://www.chusho.meti.go.jp/soshiki/nentouShokan/2019Year.htm（最終アクセス二〇二〇年一二月四日）

17 国税庁「会社標本調査結果」（平成30年度分）一六八頁、第11表、法人数の内訳 https://www.nta.go.jp/publication/statistics/kokuzeicho/kaishahyohon2018/pdf/11.pdf（最終アクセス二〇二〇年一二月四日）

18 より詳細な検討は、たとえば、橋本浩介「ファミリービジネスの新規株主公開時における利益調整行動――サントリー食品インターナショナルの上場事例からの一考察」日本大学大学院総合社会情報研究科博士論文、二〇一六年の第3章を参照されたい。

19 「大和運輸設立　私の履歴書　小倉昌男」日本経済新聞二〇〇二年一月三日三六面。

20 「社長就任、大口偏重が足かせに　私の履歴書　小倉昌男」日本経済新聞二〇〇二年一月一七日。

21 同前。

第5章

1 現在の東京都中央区立有馬幼稚園であり、箱崎シティエアターミナルそばにある。

2 のちの東京都台東区立柳北小学校。現在は平行している。浅草橋駅の北西、台東区立柳北公園のすぐ南側にある。

3　現在の東京都中央区立中央小学校であり、八丁堀駅と新富町駅の中間あたりにある。

4　その場所は、もともと江戸期はじめに加藤清正の屋敷があり、彦根藩の上屋敷となったのち、大老・井伊直弼の居住地、さらには、明治期には参謀本部・陸軍省がおかれていた。この点について保阪正康のルポ（保阪 2007）を参照した。

5　『日本人名辞典』（講談社）の記述による。筆者は、オンラインサービス「Japan Knowledge Lib」を参照した。

6　そのやりとりは『尾崎咢堂全集』第九巻（尾崎咢堂全集刊行委員会 1955 → 1960 → 1962）に収められている。

7　「遼東半島還附の詔勅」近代デジタルライブラリー http://kindai.ndl.go.jp/info:ndljp/pid/1095987/18（最終アクセス二〇一一年一月四日）

8　なお、この木戸、宮崎の記述、ならびに、「天皇の人間宣言」発布の経緯をめぐっては、東京大学大学院人文社会系研究科・野島（加藤）陽子教授によって、二〇一一年度東京大学文学部「日本史学特殊講義——天皇と天皇制を考える」の中でご教示いただいた。記して感謝したい。

9　この呼び名への反応として、たとえば、三島由紀夫『英霊の聲』が挙げられるが、当日の紙面には、「人間宣言」とは銘打たれていない。当時の宮内省担当記者・藤樫準二『陛下の〝人間〟宣言』（同和書房、一九四六年）の出版以後のことと推定されている（河西 2010）。また、この「人間宣言」と仮名遣い、日本語をめぐる文学的な考察として、（樋口 1996）を参照されたい。

10　津田左右吉『文学に現はれたる我が国民思想の研究』洛陽堂、一九一七年、Ⅻ、引用は、国立国会図書館デジタル化資料 http://dl.ndl.go.jp/info:ndljp/pid/925848 最終アクセス日二〇二〇年一二月四日。

11　塩出環の議論（塩出 2004）や、植村和秀の著作（植村 2007）も参照されたい。

12　もちろん、（青木 1990 → 1999）や（船曳 2003 → 2010）に明らかなように、ことは、「時間」に限らない。対象が軍隊であれ、文学であれ、家族であれ、「日本文化」や「日本人」の独自性が発見できれば、議論はいくらでも展開できる。

13　「皇紀」の提唱者・津田の時間意識については、既に拙稿（鈴木 2013）で検討している。

終章

1　この部分については多くの論者が注目している。さしあたり、（川村 2006）の「Ⅳ　近代日本と霊魂の行方」を参照されたい。

［著者］鈴木洋仁（すずき・ひろひと）
社会学者。東洋大学グローバル・イノベーション学研究センター研究助手。1980年東京都生まれ。東京大学大学院学際情報学府博士課程修了。博士（社会情報学）。専門は歴史社会学。2004年京都大学総合人間学部卒業後、関西テレビ放送入社。報道記者として勤務。2010年ドワンゴに転職ののち、2011年に東京大学大学院修士課程に進み、国際交流基金、東京大学等での勤務を経て、現職。著書に『「平成」論』（青弓社）、『「元号」と戦後日本』（青土社）、『「ことば」の平成論』（光文社新書）など。

「三代目」スタディーズ
世代と系図から読む近代日本

2021年2月5日　第1刷印刷
2021年2月20日　第1刷発行

著者――鈴木洋仁

発行者――清水一人
発行所――青土社

〒101－0051　東京都千代田区神田神保町1-29　市瀬ビル
［電話］03-3291-9831（編集）03-3294-7829（営業）
［振替］00190-7-192955

組版――フレックスアート
印刷・製本――シナノ印刷

装幀――水戸部 功

ISBN978-4-7917-7355-8　C0036

索引

な行

は行

ま行

や行

ら行

参考文献

会田雄次・小松左京・山崎正和 1978 → 2019『日本史の黒幕』中公文庫.

青木理 2017 → 2019『安倍三代』朝日文庫.

青木保 1990 → 1999『「日本文化論」の変容』中公文庫.

赤木智弘 2007 → 2011「「丸山眞男」をひっぱたきたい――31 歳、フリーター。希望は戦争」『若者を見殺しにする国』朝日文庫.

――――2007「僕にとっての“希望”は「戦争」が起きること」『週刊 SPA!』2007 年 12 月 4 日号 .

――――2010「フリーライター、赤木智弘さんが語る　希望はおっさん　行き着く先は『不幸の再配分』」『AERA』2010 年 10 月 4 日号 .

――――2014「赤木智弘の希望は結婚　第 5 章」「週刊チキーダ　ヤバい研究報告書　186 回」『週刊 SPA!』2014 年 8 月 5 日号 .

赤木智弘・雨宮処凛 2014「元「31 歳、フリーター」はなぜ、「希望は戦争」を諦めたか」『週刊金曜日』2014 年 11 月 21 日号 .

浅岡隆裕 2012『メディア表象の文化社会学――〈昭和〉イメージの生成と定着の研究』ハーベスト社 .

浅野智彦 2012「若者論の現在」『青少年問題』648.

朝日新聞「ロストジェネレーション」取材班 2007『ロストジェネレーション――さまよう 2000 万人』朝日新聞社.

東浩紀 2008「東浩紀ジャーナル第 8 回　論壇誌ではできないことへ」『SIGHT』2008 Spring.

阿部謹也 1988 → 2007『自分のなかに歴史をよむ』ちくま文庫.

阿部良雄 1962 → 1979『若いヨーロッパ――パリ留学記』中公文庫.

安西巧 2019『ソニー＆松下――失われた DNA』日経プレミアシリーズ.

池田信夫・與那覇潤 2012 → 2015『「日本史」の終わり――変わる世界、変われない日本人』PHP 文庫.

石井妙子 2013『日本の血脈』文春文庫.

――――2020『女帝　小池百合子』文藝春秋.

磯直樹 2020『認識と反省性――ピエール・ブルデューの社会学的思考』法政大学出版局.

伊藤隆・杉村静子校訂・解説 1990「尾崎行雄日記」『中央公論』第 106 巻 10 号.

井上俊 1966「「恋愛結婚」の誕生」『ソシオロジ』第 12 巻 2 号.

井上克人 2002「豊饒の時代――明治」『関西大学図書館フォーラム』第 7 号.
岩井克人 2003 → 2009『会社はこれからどうなるのか』平凡社ライブラリー.
岩瀬達哉 2015 → 2016『パナソニック人事抗争』講談社＋α文庫.
――――2011 → 2014『血族の王――松下幸之助とナショナルの世紀』新潮文庫.
植村和秀 2007『「日本」への問いをめぐる闘争――京都学派と原理日本社』柏書房.
上村達男 1985「投資者保護概念の再検討――自己責任原則の成立根拠」『専修法学論集』第 42 号.
宇野常寛 2008 → 2011『ゼロ年代の想像力』ハヤカワ文庫.
梅沢正邦 2020『神さまとぼく――山下俊彦伝』東洋経済新報社.
江口圭一司会 1969『大正デモクラシー　シンポジウム日本歴史 20』學生社.
大竹文雄・小原美紀 2010「所得格差」樋口美雄編『労働市場と所得分配』慶應義塾大学出版会.
大宅壮一 1952 → 2019『実録・天皇記』角川新書.
岡和田常忠 1967「青年論と世代論――明治期にけるその政治的特質」『思想』第 514 号.
小熊英二 2003『〈民主〉と〈愛国〉――戦後日本のナショナリズムと公共性』新曜社.
――――2015『生きて帰ってきた男――ある日本兵の戦争と戦後』岩波新書.
尾崎咢堂全集刊行委員会 1955 → 1960 → 1962『尾崎咢堂全集　第九巻』、公論社.
小田実 1961『何でも見てやろう』河出書房新社.
落合恵美子 1994 → 2019『21 世紀家族へ――家族の戦後体制の見かた・超えかた 第 4 版』有斐閣.
開沼博 2011『「フクシマ」論――原子力ムラはなぜ生まれたのか』青土社.
掛川トミ子解説 1976『思想統制　現代史資料 42』みすず書房.
神子島健 2015「小田実――第三世界を見すえた知の旅人」『戦後思想の再審判――丸山眞男から柄谷行人まで』法律文化社.
梶山三郎 2016 → 2019『トヨトミの野望』小学館文庫.
――――2019『トヨトミの逆襲――小説・巨大自動車企業』小学館.
粕谷一希 2008『戦後思潮――知識人たちの肖像』藤原書店.
片山杜秀 2010「中今・今・無責任」芹沢一也・荻上チキ編『日本思想という病――なぜこの国は行きづまるのか？』光文社.
加藤彰彦 2016「家社会の成立・展開・比較」加藤彰彦・戸石七生・林研三編著、比較家族史学会監修『家族研究の最前線 1 ――家と共同性』日本経済評論社.

加藤周一 1955『ある旅行者の思想――西洋見物始末記』角川新書.
――――2007『日本文化における時間と空間』岩波書店.
加藤陽子 2011『天皇と戦争の世紀』講談社（同書は 2008 年に講談社学術文庫版が刊行されているが、本書では 2011 年版を参照した).
金子勝 2005 → 2006「政治のバブル――人生の意欲低い若者を酔わせた「小泉劇場」」『戦後の終わり』筑摩書房 .
上川龍之進　2010『小泉改革の政治学　小泉純一郎は本当に「強い首相」だったのか』東洋経済新報社 .
苅部直 2006『丸山眞男――リベラリストの肖像』岩波新書.
――――2007『移りゆく「教養」』NTT 出版.
川田順造 1976 → 2001『無文字社会の歴史――西アフリカ・モシ族の事例を中心に』岩波現代文庫.
河西秀哉 2010『「象徴天皇」の戦後史』講談社選書メチエ.
川村邦光 2006『幻視する近代空間――迷信・病気・座敷牢、あるいは歴史の記憶』青弓社.
金志映 2019『日本文学の〈戦後〉と変奏される〈アメリカ〉――占領から文化冷戦の時代へ』ミネルヴァ書房.
木村直恵 1998『〈青年〉の誕生――明治日本における政治的実践の転換』新曜社 .
高坂健次 2009-2014「相対的剥奪論再訪（1）～（11)」『関西学院大学社会学部紀要』第 108 ～ 118 号 .
小谷敏編 1993『若者論を読む』世界思想社 .
――――2017『二十一世紀の若者論――あいまいな不安を生きる』世界思想社 .
後藤和智 2006a「「言説」「ニート」論を検証する」本田由紀・内藤朝雄・後藤和智『「ニート」って言うな！』光文社新書 .
――――2006b「本から時代を読む（5）――「俗流若者論」と対峙する」『論座』第 135 号 .
――――2008a『「若者論」を疑え！』宝島社新書 .
――――2008b『おまえが若者を語るな！』角川 one テーマ 21.
――――2013『「あいつらは自分たちとは違う」という病――不毛な「世代論」からの脱却』日本図書センター .
小森陽一 2012『橋下「維新の会」の手口を読み解く――競争、統制、自己責任』新日本出版社 .
小室直樹・山本七平 1981 → 2016『日本教の社会学――戦後日本は民主主義国家にあらず』ビジネス社.
小谷野敦 2007『日本の有名一族――近代エスタブリッシュメントの系図集』

幻冬舎新書.
近藤健 1992『もうひとつの日米関係――フルブライト教育交流の四十年』ジャパンタイムズ.
斉藤史朗 2018『昭和日本の家と政治――日本社会学における家理論の形成と展開』弘文堂.
坂井豊貴 2019『暗号通貨 vs. 国家――ビットコインは終わらない』SB 新書.
佐藤健二 2000『歴史社会学の作法――戦後社会科学批判』岩波書店 .
――――2015「地方都市空間の歴史社会学」内田隆三編著『現代社会と人間への問い』せりか書房.
佐藤俊樹 1993『近代・組織・資本主義――日本と西欧における近代の地平』ミネルヴァ書房.
――――2003「ヒトでもなくモノでもなく――「会社の自由」をめぐって」『大航海』第 48 号 .
――――2005『桜が創った「日本」――ソメイヨシノ起源への旅』岩波新書.
佐藤正明 2005 → 2009『ザ・ハウス・オブ・トヨタ――自動車王豊田一族の百五十年（上・下)』文春文庫.
澤地久枝 1980『あなたに似た人』文春文庫.
塩出環 2004「原理日本社の研究――歌人・三井甲之と蓑田胸喜」神戸大学博士論文.
島澤諭・山下努 2010『孫は祖父より 1 億円損をする――世代会計が示す格差・日本』朝日新書 .
品田知美 2020『「母と息子」の日本論』亜紀書房
清水幾太郎 1929「カアル・マンハイム『時代 (ゲネラチオン) の問題』」『社会学雑誌』1929 年 4 月号 .
城繁幸 2006『若者はなぜ 3 年で辞めるのか？――年功序列が奪う日本の未来』光文社新書 .
杉浦明平 1970「「何でも見てやろう」の出現」小田実『小田実全仕事　月報 4』河出書房新社.
杉田俊介・増山麗奈・後藤和智 2009「座談会　「ニート論壇」って言うな!――「セカイ系」化する論壇か、論客の「精神の貧困」か」『Posse』第 4 号.
鈴木多聞 2011『「終戦」の政治史 1943―1945』東京大学出版会.
鈴木洋仁 2013「元号の歴史社会学」東京大学大学院学際情報学府修士論文.
――――2014『「平成」論』青弓社ライブラリー .
――――2016「「放送」と「活字」の「あいだ」――永六輔の「活字コンプレックス」『ユリイカ』第 48 巻 14 号.

――――2017『「元号」と戦後日本』青土社.
鈴木亘 2010『年金は本当にもらえるのか？』ちくま新書.
関曠野 1987『野蛮としてのイエ社会』御茶の水書房.
園井ゆり 2020「書評　野辺陽子著『養子縁組の社会学――〈日本人〉にとって〈血縁〉とはなにか』『社会学評論』第 71 巻 1 号.
高橋源一郎 2007「世界の中心でなんか、叫ぶ　第 6 回――「ジョン・レノン」をひっぱたきたい」『SIGHT』2007 Autumn.
高橋紘 1988『陛下、お尋ね申し上げます――記者会見全記録と人間天皇の軌跡』文春文庫.
瀧川裕英 2001「自己決定と自己責任の間――法哲学的考察」『法学セミナー』第 46 巻 9 号.
竹内洋 2003『教養主義の没落――変わりゆくエリート学生文化』中公新書.
――――2011『革新幻想の戦後史』中央公論新社.
田崎史郎 1996 → 2000『経世会――死闘の七十日』文春文庫.
橘木俊詔 2016『21 世紀日本の格差』岩波書店.
立岩真也・村上潔 2011『家族性分業論前哨』生活書院.
田中元 1982「「中今」について――日本人の時間意識」『理想』第 584 号.
坪内祐三 2012『父系図――近代日本の異色の父子像』廣済堂出版.
――――2014『昭和の子供だ君たちも』新潮社.
鶴見俊輔 1970「手ぶらの男」『小田実全仕事　第二巻』解説、河出書房新社.
戸石七生 2017『むらと家を守った江戸時代の人びと――人口減少地域の養子制度と百姓株式』農山漁村文化協会.
富田英典 2014「「ネット論壇」――論壇のデジタル化とインターネット」竹内洋・佐藤卓巳・稲垣恭子編『日本の論壇雑誌――教養メディアの盛衰』創元社.
永野健二 2018『経営者――日本経済生き残りをかけた闘い』新潮社.
長山靖生 2014『「世代」の正体――なぜ日本人は世代論が好きなのか』河出ブックス.
西田毅・和田守・山田博光・北野昭彦（編）2003『民友社とその時代――思想・文学・ジャーナリズム集団の軌跡』ミネルヴァ書房.
芳賀徹 1974「解説　世界のなかで日本を考える」『日本教養全集』第 14 巻、角川書店.
――――『文明としての徳川日本――一六〇三―一八五三年』筑摩選書.
朴沙羅 2018『家（チベ）の歴史を書く』筑摩書房.
濱口恵俊 1992「書評　村上泰亮・公文俊平・佐藤誠三郎『文明としてのイエ

社会』再読」『日本研究』第6号、pp.175-180、国際日本文化研究センター.
速水融編著 2002『近代移行期の家族と歴史』ミネルヴァ書房.
原武史 2000 → 2015『大正天皇』朝日文庫.
————2019『平成の終焉——退位と天皇・皇后』岩波新書.
比較家族史学会監修『家族研究の最前線』、加藤彰彦・戸石七生・林研三編著「1 家と共同性」2016年、平井晶子・床谷文雄・山田昌弘編著「2出会いと結婚」2017年、小山静子・小玉亮子編著「3子どもと教育——近代家族というアリーナ」2018年、小島宏・廣嶋清志編著「4人口政策の比較史——せめぎあう家族と行政」2019年. いずれも日本評論社.
平井一臣 2019「再考・小田実とべ平連——べ平連への参加と「難死」の思想・「加害」の論理」『国立歴史民俗博物館研究報告』第216集.
深沢克己 2006『江戸時代の身分願望』吉川弘文館.
船曳建夫 1998 → 2003『二世論』新潮文庫.
————2003 → 2010『「日本人論」再考』講談社学術文庫.
古市憲寿 2011『絶望の国の幸福な若者たち』講談社.
保阪正康 2007『開戦、東條英機が泣いた(昭和史の大河を往く　第二集)』毎日新聞社.
本郷和人 2010『天皇はなぜ万世一系なのか』文春新書.
————2009『天皇はなぜ生き残ったか』新潮新書.
————2019『世襲の日本史——「階級社会」はいかに生まれたか』NHK出版新書.
本田靖春 1973 → 2015『現代家系論』文春学藝ライブラリー.
松尾尊兊 1980「象徴天皇制の成立についての覚書」『思想』第790号.
松尾浩也 1970「尾崎行雄不敬事件——売家と唐様で書く三代目」我妻栄編集代表『日本政治裁判史録』第一法規出版.
松村圭一郎・中川理・石井美保編 2019『文化人類学の思考法』世界思想社.
升味準之輔 1998『昭和天皇とその時代』山川出版社.
丸谷才一 2003 → 2007「養子の研究」『絵具屋の女房』文春文庫.
丸谷才一・山崎正和 1998 → 2001『日本史を読む』中公文庫.
丸山眞男 1972 → 1998「歴史意識の「古層」」『忠誠と反逆——転形期日本の精神史的位相』ちくま学芸文庫.
————1986『「文明論之概略」を読む(上)』岩波新書.
三浦展 2005『下流社会——新たな階層集団の出現』光文社新書.
御厨貴編 2019『オーラル・ヒストリーに何ができるか——作り方から使い方まで』岩波書店.

見田宗介 2007「近代の矛盾の「解凍」――脱高度成長期の精神変容」『思想』第 1002 号.
見田宗介・大澤真幸 2012『二千年紀の社会と思想』太田出版.
三中信宏 2006『系統樹思考の世界――すべてはツリーとともに』講談社現代新書.
蓑田胸喜 1939『津田左右吉氏の大逆思想　第 1』国立国会図書館デジタル化資料. http://dl.ndl.go.jp/info:ndljp/pid/1097319?tocOpened=1（最終アクセス 2021 年 1 月 4 日）
――――2004「学術維新原理日本」『蓑田胸喜全集　第七巻』柏書房.
宮台真司 1994 → 2006『制服少女たちの選択――after 10 years』朝日文庫.
宮本隆彦 2018『ドライバーズシート――豊田章男の日々』中日新聞社.
向田邦子 1978 → 2005『父の詫び状』文春文庫.
村上宏昭 2012『世代の歴史社会学――近代ドイツの教養・福祉・戦争』昭和堂 .
村上泰亮・公文俊平・佐藤誠三郎 1979『文明としてのイエ社会』中央公論社.
毛里裕一 2010「論壇」北田暁大編『自由への問い 4――コミュニケーション』岩波書店 .
森健 2016『小倉昌男　祈りと経営――ヤマト「宅急便の父」が闘っていたもの』小学館.
森毅 1997「三代目」『AERA』1997 年 3 月 31 日号、p. 65.
安岡章太郎 1971「孫悟空の孤独」『小田実全仕事』第 6 巻解説、河出書房新社.
柳田國男 1931 → 1998「明治大正史世相編」『柳田國男全集　5』筑摩書房.
山崎豊子 1966 → 2002『女系家族』新潮文庫
山崎広明 2015『豊田家紡織事業の経営史』文眞堂
山畠正男 1994「日本の養子制度」中川善之助・山畠正男編『新版　注釈民法 (24) 親族 (4)』有斐閣.
山極寿一 1997 → 2015『父という余分なもの――サルに探る文明の起源』新潮文庫.
米倉誠一郎 2018『松下幸之助――きみならできる、必ずできる』ミネルヴァ書房.
リルティ，アントワーヌ 2014 → 2018『セレブの誕生――「著名人」の出現と近代社会』松村博史・井上櫻子・齋藤山人訳、名古屋大学出版会.
渡邊勉 2019「1930 年代から 1970 年代までの地域移動と地域間格差」『関西学院大学社会学部紀要』第 130 号、pp. 51-74.
Said, Edward.W,1975 → 2012 *Beginnings; Intention & Method*, Granta Books.